Eine schöne Adventszeit

„trotz des Stresses"

wünscht Dir

Deine Schwester Elvira

Engelhorn Bücherei

Kleine Geschichten vom Heiligabend

Gesammelt
und herausgegeben von
Ulla Küster

Engelhorn Verlag
Stuttgart

ISBN 3-87203-132-5

Lektorat: Renate Jostmann
Typografische Gestaltung: Brigitte Müller
Satz: Uhl+Massopust GmbH, Aalen
Druck und Bindearbeiten: Clausen & Bosse, Leck
Printed in Germany
Dieses Buch wurde auf chlorfreies
Werkdruckpapier gedruckt.

Inhalt

Hirtenlied
in der Weihnacht

Was soll das bedeuten? Es taget ja schon!
Ich weiß wohl, es geht erst um Mitternacht rum.
Schaut nur daher!
Wie glänzen die Sternlein, je länger je mehr.

Treibt zusammen, treibt zusammen die Schäflein
fürbaß!
Treibt zusammen, treibt zusammen! Dort zeig ich
euch was,
Dort in dem Stall,
Werdet Wunderding sehen, treibt zusammen
einmal.

Ich hab nur ein wenig von weitem geguckt,
Da hat mir mein Herz schon vor Freuden gehupft:
Ein schönes Kind
Liegt dort in der Krippe bei Esel und Rind.

Ein herziger Vater der steht auch dabei,
Ein wunderschön Jungfrau kniet auch auf dem Heu.
Und um und um singts, um und um klingts.
Man sieht ja kein Lichtlein, so um und um brinnts.

Das Kindlein das zittert vor Kälte und Frost,
Ich dacht mir, wer hat es denn also verstoßt,
Daß ihm auch heut
Ihm sonst keine andre Herberg anbeut?

So geht und nehmet ein Lämmlein vom Gras
Und bringet dem schönen Christkindlein etwas!
Geht nur fein sacht,
Auf daß ihr dem Kindlein kein Unruh nicht macht!

THEODOR FONTANE

Heiligabend

Es war Weihnachten 1812, Heiliger Abend. Einzelne Schneeflocken fielen und legten sich auf die weiße Decke, die schon seit Tagen in den Straßen der Hauptstadt lag. Die Laternen, die an lang ausgespannten Ketten hingen, gaben nur spärliches Licht; in den Häusern aber wurde es von Minute zu Minute heller, und der »Heilige Christ«, der hier und dort schon einzuziehen begann, warf seinen Glanz auch in das draußen liegende Dunkel.

So war es auch in der Klosterstraße. Die »Singuhr« der Parochialkirche setzte eben ein, um die ersten Takte ihres Liedes zu spielen, als ein Schlitten aus dem Gasthof »Zum grünen Baum« herausfuhr und gleich darauf schräg gegenüber vor einem zweistöckigen Hause hielt, dessen hohes Dach noch eine Mansardenwohnung trug. Der Kutscher des Schlittens, in einem abgetragenen, aber mit drei

Kragen ausstaffierten Mantel, beugte sich vor und sah nach den obersten Fenstern hinauf; als er jedoch wahrnahm, daß alles ruhig blieb, stieg er von seinem Sitz, strängte die Pferde ab und schritt auf das Haus zu, um durch die halb offenstehende Tür in dem dunklen Flur desselben zu verschwinden. Wer ihm dahin gefolgt wäre, hätte notwendig das stufenweise Stapfen und Stoßen hören müssen, mit dem er sich, vorsichtig und ungeschickt, die drei Treppen hinauffühlte.

Der Schlitten, eine einfache Schleife, auf der ein mit einem sogenannten »Plan« überspannter Korbwagen befestigt war, stand all die Zeit über ruhig auf dem Fahrdamm, hart an der Öffnung einer hier aufgeschütteten Schneemauer. Der Korbwagen selbst, mutmaßlich um mehr Wärme und Bequemlichkeit zu geben, war nach hinten zu, bis an die Plandecke hinauf, mit Stroh gefüllt; vorn lag ein Häckselsack, gerade breit genug, um zwei Personen Platz zu gönnen. Alles so primitiv wie möglich. Auch die Pferde waren unscheinbar genug, kleine Ponys, die gerade jetzt in ihrem winterlich-rauhen Haar ungeputzt und dadurch ziemlich vernachlässigt aussahen. Aber wie immer auch, die russischen Sielen, dazu das Schellengeläut, das auf rot eingefaßten, breiten Ledergurten über den Rücken der Pferde hing, ließen keinen Zweifel darüber, daß das Fuhrwerk aus einem guten Hause sei.

So waren fünf Minuten vergangen oder mehr, als es auf dem Flur hell wurde. Eine Alte in einer weißen Nachthaube, das Licht mit der Hand schützend, streckte den Kopf neugierig in die Straße hinaus; dann kam der Kutscher mit Mantelsack und Pappkarton; hinter diesem, den Schluß bildend, ein hoch aufgeschossener junger Mann von leichter, vornehmer Haltung. Er trug eine Jagdmütze, kurzen Rock und war in seiner ganzen Oberhälfte unwinterlich gekleidet. Nur seine Füße steckten in hohen Filzstiefeln. »Frohe Feiertage, Frau Hulen«, damit reichte er der Alten die Hand, stieg auf die Deichsel und nahm Platz neben dem Kutscher. »Nun vorwärts, Krist; Mitternacht sind wir in Hohen-Vietz. Das ist recht, daß Papa die Ponys geschickt hat.«

Die Pferde zogen an und versuchten es, ihrer Natur nach, in einen leichten Trab zu fallen; aber erst als sie die Königstraße mit ihrem Weihnachtsgedränge und Waldteufelgebrumm im Rücken hatten, ging es in immer rascherem Tempo die Landsberger Straße entlang und endlich unter immer munterer werdendem Schellengeläut zum Frankfurter Tore hinaus.

Draußen umfing sie Nacht und Stille; der Himmel klärte sich, und die ersten Sterne traten hervor. Ein leiser, aber scharfer Ostwind fuhr über das Schneefeld, und der Held unserer Geschichte, Lewin von Vitzewitz, der seinem väterlichen Gute Hohen-Vietz zufuhr, um die Weihnachtsfeiertage daselbst zu verbringen, wandte sich jetzt, mit einem Anflug von märkischem Dialekt, an den neben ihm sitzenden Gefährten. »Nun, Krist, wie wär es? Wir müssen wohl einheizen.« Dabei legte er Daumen und Zeigefinger ans Kinn und paffte mit den Lippen. Dies »wir« war nur eine Vertraulichkeitswendung; Lewin selbst rauchte nicht. Krist aber, der von dem Augenblick an, wo sie die Stadt im Rücken hatten, diese Aufforderung erwartet haben mochte, legte ohne weiteres die Leinen in die Hand seines jungen Herrn und fuhr in die Manteltasche, erst um eine kurze Pfeife mit bleiernem Abguß, dann um ein neues Paket Tabak daraus hervorzuholen. Er nahm beides zwischen die Knie, öffnete das mit braunem Lack gesiegelte Paket, stopfte und begann dann mit derselben langsamen Sorglichkeit nach Stahl und Schwamm zu suchen. Endlich brannte es; er tat, indem er wieder die Leine nahm, die ersten Züge, und während jetzt kleine Funken aus dem Drahtdeckel hervorsprühten, ging es auf Friedrichsfelde zu, dessen Lichter ihnen über das weiße Feld her entgegenschienen.

Das Dorf lag bald hinter ihnen. Lewin, der sich's inzwischen bequem gemacht und durch festeren Aufbau einiger Strohbündel eine Rückenlehne hergerichtet hatte, schien jetzt in der Stimmung, eine Unterhaltung aufzunehmen. Ehe des Kutschers Pfeife brannte, wäre es ohnhin nicht rätlich gewesen.

»Nichts Neues, Krist?« begann Lewin, indem er sich fester in die Strohpolster drückte. »Was macht Willem, mein Päth?«

»Dank schön, junger Herr, he is ja nu wedder bi Weg.«

»Was war ihm denn?«

»He hett sich verfiert. Un noch dato an sinen Gebortsdag. Et is nu en Wochner drei; ja, up'n Dag hüt, drei Wochen. Oll Doktor Leist von Lebus hett em aber wedder torecht bracht.«

»Er hat sich verfiert?«

»Ja, junger Herr, so glöwen wi all. Et wihr wol so um de fiefte Stunn', as mine Fru seggen däd: ›Willem, geih un hol uns en paar Äppels, awers von de Renetten up'n Stroh, dicht bi de Bohnenstakens.‹ Un uns' Lütt-Willem ging ooch, un ick hürt em noch flüten un singen un dat Klapsen von sine Pantinen ümmer den Floor lang. Awer dunn hürt ick nix mihr, und as he nu an de olle wackelsche Döör käm und in den groten Saal rinnwull, wo uns' Äppels liggen un wo de Lüt seggen, dat de oll Matthias spöken deiht, da möt em wat passiert sinn. He käm nich und käm nich; un as ick nu nahjung un sehn wull, wo he bliwen däd, da läg he, glieks achter de Schwell, as dod up de Fliesen.«

»Das arme Kind! Und Eure Frau ...«

»De käm ooch, un wi drögen em nu torügg in unse Stuv und rewen em in. Mine Fru hätt ümmer en beten Mierenspiritus to Huus. As he nu wedder to sich käm, biwwerte em de janze lütte Liew, un he seggte man ümmer: ›Ick hebb em sehn.‹«

Lewin hatte sich zurechtgerückt. »Es geht

also wieder besser«, warf er hin, und wie um loszukommen von allerhand Bildern und Gedanken, die des Kutschers Erzählung in ihm angeregt hatte, fuhr er hin und her in Erkundigungen, worauf Krist mit so viel Ausführlichkeit antwortete, wie ihm die Raschheit der Fragen gestattete. Dem Schulzen Kniehase war einer von seinen Braunen gefallen; bei Hoppenmarieken hatte der Schornstein gebrannt; bei Witwe Gräbschen hatte Nachtwächter Pachaly einen mittelgroßen Sarg, mit einem Myrtenkranz darauf, vor der Haustür stehn sehn, »un wihl et man en *mittelscher* Sarg west wihr, so hedden se all an die Jüngscht, an Hanne Gräbschen, dacht. De is man kleen, und piept all lang.«

Die Sterne traten immer zahlreicher hervor. Lewin lupfte die Kappe, um sich die Stirn von der frischen Winterluft anwehen zu lassen, und sah staunend und andächtig in den funkelnden Himmel hinauf. Es war ihm, als fielen alle dunklen Geschicke, das Erbteil seines Hauses, von ihm ab, und als zöge es lichter und heller von oben her in seine Seele. Er atmete auf. Zwei, drei Schlitten flogen vorüber, grüßten und sangen, sichtlich Gäste, die im Nebendorf die Bescherung nicht versäumen wollten; dann, ehe fünf Minuten um waren, glitt das Gefährt unserer zwei Freunde unter den Giebelvorbau des Bohlsdorfer Kruges.

Bohlsdorf war drittel Weg. Niemand kam. An den Fenstern zeigte sich kein Licht; die Krügersleute mußten in den Hinterstuben sein und das Vorfahren des Schlittens, trotz seines Schellengeläutes, überhört haben. Krist nahm wenig Notiz davon. Er stieg ab, holte eine der Stehkrippen heran, die beschneit an dem Hofzaun entlang standen, und schüttete den Pferden ihren Hafer ein.

Auch Lewin war abgestiegen. Er stampfte ein paarmal in den Schnee, wie um das Blut wieder in Umlauf zu bringen, und trat dann in die Gaststube, um sich zu wärmen und einen Imbiß zu nehmen. Drinnen war alles leer und dunkel; hinter dem Schenktisch aber, wo drei Stufen zu einem höher gelegenen Alkoven führten, blitzte der Christbaum von Lichtern und goldenen Ketten. In diesem Weihnachtsgebilde, das der enge Türrahmen einfaßte, stand die Krügersfrau in Mieder und rotem Friesrock und hatte einen Blondkopf auf dem

Arm, der nach den Lichtern des Baumes langte. Der Krüger selbst stand neben ihr und sah auf das Glück, das ihm das Leben und dieser Tag beschert hatten.

Lewin war ergriffen von dem Bilde, das fast wie eine Erscheinung auf ihn wirkte. Leiser als er eingetreten war, zog er sich wieder zurück und trat auf die Dorfstraße. Gegenüber dem Kruge, von einer Feldsteinmauer eingefaßt, lag die Bohlsdorfer Kirche, ein alter Zisterzienserbau aus den Tagen der ersten Kolonisation. Es klang deutlich von drüben her, als würde die Orgel gespielt, und Lewin, während er noch aufhorchte, bemerkte zugleich, daß eines der kleinen, in halber Wandhöhe hinlaufenden Rundbogenfenster matt erleuchtet war. Neugierig, ob er sich täuschte oder nicht, stieg er über die niedrige Steinmauer fort und schritt, zwischen den Gräbern hin, auf die Längswand der Kirche zu. Ziemlich inmitten dieser Wand bemerkte er eine Pforte, die nur eingeklinkt, aber nicht geschlossen war. Er öffnete leise und trat ein. Es war, wie er vermutet hatte, ein alter Mann, mit Samtkäppsel und spärlichem weißen Haar, saß vor der Orgel, während ein Lichtstümpfchen neben ihm eine kümmerliche Beleuchtung gab. In sein Orgelspiel vertieft, bemerkte er nicht, daß jemand eingetreten war, und feierlich, aber gedämpften Tones klangen die Weihnachtsmelodien nach wie vor durch die Kirche hin.

Übte sich der Alte für den kommenden Tag, oder feierte er hier sein Christfest allein für sich mit Psalmen und Choral? Lewin hatte sich die Frage kaum gestellt, als er, der Orgel gegenüber, einen zweiten Lichtschimmer wahrnahm; auf der untersten Stufe des Altars stand eine kleine Hauslaterne. Als er näher trat, sah er, daß Frauenhände hier eben noch beschäftigt gewesen sein mußten. Ein Handfeger lag da, daneben eine kurze Stehleiter, die beiden Seitenhölzer oben mit Tüchern umwunden. Das Licht der Laterne fiel auf zwei Grabsteine, die vor dem Altar in die Fliesen eingelegt waren; der eine zur Linken enthielt nur Namen und Datum, der andere zur Rechten aber zeigte Bild und Spruch. Zwei Lindenbäume neigten ihre Wipfel einander zu, und darunter standen Verse, zehn oder zwölf Zeilen. Nur die Zeilen der zweiten Strophe waren noch deutlich erkennbar und lauteten:

Sie sieht nun tausend Lichter;
Der Engel Angesichter
Ihr treu zu Diensten stehn;
Sie schwingt die Siegesfahne
Auf güldnem Himmelsplane
Und kann auf Sternen gehn.

Lewin las zwei-, dreimal, bis er die Strophe auswendig wußte; die letzte Zeile namentlich hatte einen tiefen Eindruck auf ihn gemacht, von dem er sich keine Rechenschaft geben konnte. Dann sah er sich noch einmal in der seltsam erleuchteten Kirche um, deren Pfeiler und Chorstühle ihn schattenhaft umstanden, und kehrte, die Türe leise wieder anlehnend, erst auf den Kirchhof, dann, mit raschem Sprung über die Mauer, auf die Dorfstraße zurück.

Der Krug hatte indessen ein verändertes Aussehen gewonnen. In der Gaststube war Licht; Krist stand am Schenktisch im eifrigen Gespräch mit dem Krüger, während die Frau, aus der Küche kommend, ein Glas Kirschpunsch auf den Tisch stellte. Sie plauderten noch eine Weile auch über den alten Küster drüben, der, seitdem er Witmann geworden, seinen Heiligen Abend mit Orgelspiel zu feiern pflegte; dann, unter Händeschütteln und Wünschen für ein frohes Fest, wurde Abschied genommen, und an den stillen Dorfhütten vorbei ging es weiter in die Nacht hinein.

Lewin sprach von den Krügersleuten; Krist war ihres Lobes voll. Weniger wollt er vom Bohlsdorfer Amtmann wissen, am wenigsten vom Petershagener Müller, an dessen abgebrannter Bockmühle sie eben vorüberfuhren. Aus allem ging hervor, daß Krist, der allwöchentlich dieses Weges kam, den Klatsch der Bierbänke zwischen Berlin und Hohen-Vietz in treuem Gedächtnis trug. Er wußte alles und schwieg erst, als Lewin immer stiller zu werden begann. Nur kurze Ansprachen an die Ponys belebten noch den Weg. Die regelmäßige Wiederkehr dieser Anrufe, das monotone Schellenläuten, das alsbald wie von weit her zu klingen schien, legte sich mehr und mehr mit einschläfernder Gewalt um die Sinne unseres Helden. Allerhand Gestalten zogen an seinem halbgeschlossenen Auge vorüber; aber eine dieser Gestalten, die glänzendste, nahm er mit in seinen Traum. Er saß vor ihr auf einem niedrigen Taburett; sie lachte ihn an und schlug ihn leise mit dem Fächer, als er nach ihrer Hand haschte, um sie zu küssen. Hundert Lichter, die sich in schmalen Spiegeln spiegelten, brannten um sie her, und vor ihnen lag ein großer Teppich, auf dem Göttin Venus in ihrem Taubengespann durch die Lüfte zog. Dann war es plötzlich, als löschten alle diese Lichter aus; nur zwei Stümpfchen brannten noch; es war wie eine schattendurchhuschte Kirche, und an der Stelle, wo der Teppich gelegen hatte, lag ein Grabstein, auf dem die Worte standen:

Sie schwingt die Siegesfahne
Auf güldnem Himmelsplane
Und kann auf Sternen gehn.

Süß und schmerzlich, wie kurz vorher bei wachen Sinnen ihn diese Worte berührt hatten, berührten sie ihn jetzt im Traum. Er wachte auf.

»Noch eine halbe Meile, junger Herr«, sagte Krist.

»Dann sind wir in Dolgelin?«

»Nein, in Hohen-Vietz.«

»Da hab ich fest geschlafen.«

»Dritthalb Stunn'.«

Das erste, was Lewin wahrnahm, war die Sorglichkeit, mit der sich der alte Kutscher mittlerweile um ihn bemüht hatte. Der Futtersack war ihm unter die Füße geschoben, die beiden Pferdedecken lagen ausgebreitet über seinen Knien.

Nicht lange, und der Hohen-Vietzer Kirchturm wurde sichtbar. An oberster Stelle eines Höhenzuges, der nach Osten hin die Landschaft schloß, stand die graue Masse, schattenhaft im funkelnden Nachthimmel.

Dem Sohne des Hauses schlug das Herz immer höher, sooft er dieses Wahrzeichen seiner Heimat ansichtig wurde. Aber er hatte heute nicht lange Zeit, sich der Eigentümlichkeit des Bildes zu freuen. Die beschneiten Parkbäume traten zwischen ihn und die Kirche, und einige Minuten später schlugen die Hunde an, und zwischen zwei Torpfeilern hindurch beschrieb der Schlitten eine Kurve und hielt vor der portalartigen Glastüre, zu der zwei breite Sandsteinstufen hinaufführten.

Lewin, der sich schon vorher erhoben hatte, sprang hinaus und schritt auf die Stufen zu. »Guten Abend, junger Herr«, empfing ihn ein alter Diener in Gamaschen und Frackrock, an dem nur die großen blanken Knöpfe verrieten, daß es eine Livree sein sollte.

»Guten Abend, Jeetze; wie geht es?«

Aber über diesen Gruß kam Lewin nicht hinaus, denn im selben Augenblick richtete sich ein prächtiger Neufundländer vor ihm auf und überfiel ihn, die Vorderpfoten auf seine Schultern legend, mit den allerstürmischsten Liebkosungen.

»Hektor, laß gut sein, du bringst mich um.« Damit trat unser Held in die Halle seines väterlichen Hauses. Ein paar Scheite, die im Kamin verglühten, warfen ihr Licht auf die alten Bilder an der Wand gegenüber. Lewin sah sich um, nicht ohne einen Anflug freudigen Stolzes, auf der Scholle seiner Väter zu stehen.

Dann leuchtete ihm der alte Diener die schwere doppelarmige Treppe hinauf, während Hektor folgte.

GERTRUD STORM

Bescherung bei Theodor Storm

Endlich ertönt der Klang der silbernen Glokke. Wir stürzen die Treppe hinunter, die Flügeltüren fliegen auf, wir treten ein, jung und alt. Ein starker Duft von Tannen, brennenden Lichtern und braunen Weihnachtskuchen schlägt uns entgegen – und da steht er, der brennende Baum, im vollen Lichterglanz. Ich will ihn mit meines Vaters eigenen Worten schildern:

»Mit seinen Flittergoldfähnchen, seinen weißen Netzen und goldenen Eiern, die wie Kinderträume in den dunklen Zweigen hängen.« – Oder wie er in einem Brief an Freund Keller geschildert hat: »Der goldene Märchenzweig, dito Traubenbüschel des Erlensamens und große Fichtenzapfen, an denen lebensgroße Kreuzschnäbel von Papiermaché sich anklammern. Rotkehlchen sitzen und fliegen in dem Tannengrün, und eines sitzt und singt bei seinem Nest mit Eiern. Feine weiße Netze, deren Inhalt sorgsam in Gold- und andere in Lichtfarben gewählte Papiere gewickelt ist.«

Der Märchenzweig ist eine Erfindung meines Bruders Ernst. Ein großer Lärchenzweig wird ganz vergoldet und so in der Mitte des Baumes befestigt, daß er seine schlanken, feinen Zweige nach allen Seiten ausbreitet. Ein Freund unseres Hauses, Regierungsrat Petersen, ... taufte den so vergoldeten Zweig »Märchenzweig«. Freund Petersen und Vater tauschten alle Jahre kleine Weihnachtsüberraschungen aus. In einem Jahr brachte er Vater kurz vor Weihnachten das erste Paket »Lametta«. Vater schreibt darüber:

»Unser Tannenbaum hat in diesem Jahr besonderes Aufsehen erregt. Freund Petersen brachte am Sonntag vor Weihnachten eine Tüte märchenhafter Silberfäden. Mit diesen feinen Silberfäden wurde der Baum umsponnen, daß er aussah wie fliegender Sommer.«

Unser Karl setzt sich ans Klavier und stimmt leise an: »Stille Nacht, Heilige Nacht«. Wir alle stimmen ein. Das Weihnachtslied ist verklungen, wir umstehen den Baum und lassen die Wunder der Weihnacht still auf uns wirken. Vater nickt uns bewegt zu, legt den Arm um unsere Mutter und führt wie immer sie zuerst zu ihren Gaben, die geheimnisvoll umhüllt sind. Mitten auf dem Tisch steht zu Mamas grenzenloser Verwunderung Vaters Pelzmütze. Mama erfaßt sie zögernd, ihr Blick hängt fragend an dem unseres Vaters – und hervor rollt eine große Papierkugel. Ein Papier nach dem andern wird abgewickelt, bis sich schließlich in einem kleinen Kästchen verborgen ein feiner goldener Ring dem erstaunten Blick zeigt. Eine Schlange, die sich in den Schwanz beißt, ein solcher Ring war ein langgehegter Wunsch meiner Mutter. Vater erwartet leuchtenden Auges die Wirkung seiner Überraschung. Meine Schwester Ebbe sagte einmal bei solcher Gelegenheit: »Vater hat ein Weihnachtslicht in den Augen.« Nun führt Vater jedes seiner Kinder zu ihren Gaben, uns kleine zuerst. Puppen, wohin wir sehen, kleine

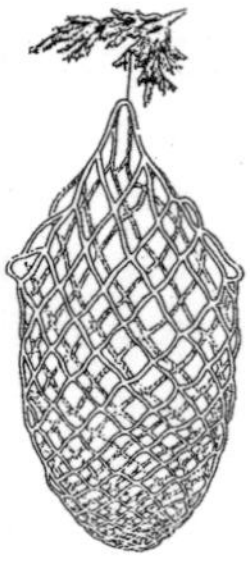

und große – und Bücher, die durften niemals auf unserm Weihnachtstisch fehlen ...

Nachdem sich das erste Entzücken gelegt hat, bringt die Köchin das messingne Kohlenkomfort, auf dem gar bald der blitzblank geputzte Teekessel ein melodisches Lied anstimmt, und der Duft feinsten Tees vermischt sich mit dem der Tanne und der braunen Weihnachtskuchen ...

Die Lichter sind erloschen, die glitzernde Pracht des Baumes leuchtet nur noch im matten Dämmerlicht der Lampen. Unsere Mutter ruft zum Festessen. – Wir Kinder trennen uns schweren Herzens vom Tannenbaum, unseren Puppen und Büchern. Sauerbraten und ein großer Apfelkuchen – Tante Moritz genannt – bilden das Festessen, Punsch, nach Vater kurzweg »Landvogt« genannt, ist das Festgetränk.

Wir alle sitzen an unseren Plätzen, der Punsch ist in die Gläser geschenkt, Vater erhebt sein Glas, er nickt uns allen voll innigster Befriedigung zu und sendet dann in einem kleinen Trinkspruch »einen vollen Gruß seiner Liebe« all denen, die seinem reichen, liebevollen Herzen nah, an diesem Abend aber ferne sind.

HANS CHRISTIAN ANDERSEN

Im Gasthof

Gegen drei Wochen blieb ich in Berlin, und die Zeit schien mit einem jeden Tage, der verstrich, schneller davon zu eilen. Ich war von Güte gleichsam überwältigt; ich konnte am Ende keine andere Aussicht zur Ruhe erblikken, als wenn ich mich auf die Eisenbahn setzte und über das Land hinflöge. Und doch, in dieser festlichen Geschäftigkeit, bei diesem liebenswürdigen Eifer und Interesse für mich, war ein Abend leer, ein Abend, an welchem ich plötzlich die Einsamkeit in ihrer drückenden Gestalt fühlte: der Weihnachtsabend, gerade dieser Abend, an welchem ich noch immer gern etwas Festliches sehe, gern bei einem Weihnachtsbaum stehe, mich über die Freude der Kinder freue und die Ältern gern wieder Kinder werden sehe. Jeder der vielen Familienkreise, in denen ich mich in Wahrheit wie ein Verwandter aufgenommen fühlte, hatte, wie ich später erfuhr, geglaubt, ich sei ausgebeten; aber ich saß ganz allein in meinem Zimmer im Gasthof und gedachte der Heimat; ich setzte mich an das offne Fenster und blickte zum Sternhimmel auf, das war der Weihnachtsbaum, der für mich angezündet war. »Vater im Himmel«, betete ich, wie die Kinder beten, »was gibst du mir!« Als die Freunde von meiner einsamen Weihnachtsfeier hörten, wurden an den folgenden Abenden mehrere Weihnachtsbäume angezündet, und am letzten Abend im Jahre stand für mich allein ein kleiner Baum mit Lichtern und schönen Sachen da – das war bei Jenny Lind; der ganze Kreis bestand aus ihr, ihrer Begleiterin und mir; wir drei Kinder des Nordens waren am Silvesterabend beisammen, und ich war das Kind, für welches der Weihnachtsbaum angezündet worden.

FRIEDRICH WILHELM AUGUST SCHMIDT
(SCHMIDT-WERNEUCHEN)

Der Heilige Abend vor Weihnachten

*Das Schneedach fegt des Sturmes Saus
Die Ofenflammen zittern.
Die Kinder bleiben gern zu Haus,
Und denken nicht an schlittern;
Denn sieh! der Abend graut,
Und Ruprecht kömmt; und baut
Für jedes bald ein Tischchen auf,
Und legt gar schöne Sachen drauf.*

*Im Nebenzimmer kramt er schon
Den Quersack aus und tuschelt.
Und horch! Wie sacht er itzt davon
Entlang die Wände ruschelt!
Nun hebt der Jubel an,
Die Thür wird aufgetan:
Sieh da, die Tischchen weiß gedeckt,
Voll Kerzen, grün und roth gefleckt.*

Hinein stürmt Bub und Mägdlein flugs,
Zu sehn, was ihm beschieden:
Vor allem prangt von grünem Bux
Ein Wäldchen Pyramiden
Mit goldnen Nüssen dran;
Hier nickt ein Sägemann,
Dort grünt ein Busch mit Lämmern drin,
Bewacht von Hund und Schäferin.

Nußknacker stehn mit dickem Kopf
Bei Jud und Schornsteinfeger,
Hier hängt ein Schrank mit Kell' und Topf,
Dort hetzt den Hirsch der Jäger.
Hier ruft ein Kuckuck, horch!
Und dort spaziert ein Storch.
Mit Äpfeln prangt der Taxusbaum,
Und blinkt von Gold- und Silberschaum.

Zu Pferde paradiert von Blei
Ein Regiment Soldaten,
Ein Sanfaçon sitzt frank und frei
Gekrümmt und münzt Dukaten.
Und alles schmaust und knarrt;
Trompet' und Fiedel schnarrt.
Fern stehn die Alten, still erfreut,
Und denken an die alte Zeit.

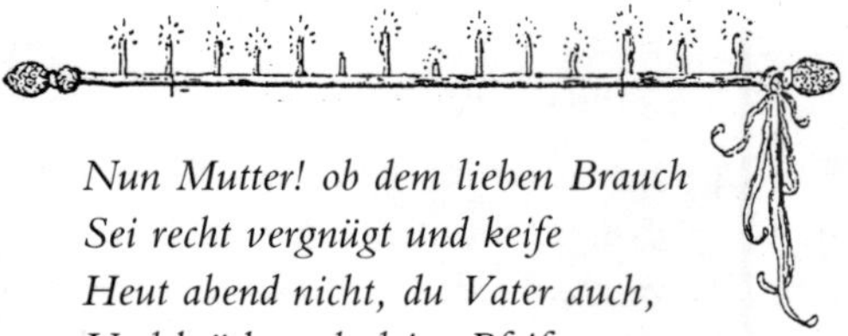

Nun Mutter! ob dem lieben Brauch
Sei recht vergnügt und keife
Heut abend nicht, du Vater auch,
Und bräch auch deine Pfeife
In hundert Stücken heut,
Da alles jauchzt und schreit,
Und, weil so hell der Wachsstock brennt,
Voll Freuden durcheinander rennt.

So geht's bis in die späte Nacht,
Und selbst das Kleinste hätte
Sie ohne Schlummer gern durchwacht;
Und Mutter ruft: zu Bette!
Und jedes macht zur Ruh
Nur halb die Augen zu,
Und wünscht: o wär es Morgen doch!
Und sieht im Traum die Lichter noch.

INA SEIDEL

Bei den Stiftsdamen

Am 24. Dezember im Jahre des Waffenstillstandes 1918, nachmittags gegen fünf Uhr, ging der verabschiedete Oberleutnant der Infanterie, nunmehr Student der Medizin, Hans Lennacker, den Michelsberg in der Stadt Frauenfelde hinauf und suchte, nicht nur von der früh einfallenden Dämmerung, sondern mehr noch durch den ihn umwirbelnden Schneesturm behindert, nach der Hausnummer 27. Er befand sich durchaus nicht allein auf der Straße und hätte sich wohl einmal bei einem Menschen erkundigen können; gewiß hätte ihm jedes Kind das Katharinenstift weisen können, das sein Ziel war. Aber einmal war dieser junge Mensch von jenem allen selbständigen Naturen innewohnenden Eigensinn besessen, der sich fremden Beistandes nur im äußersten Notfall bedienen mag, und dann war er ja bis vor kurzem Soldat gewesen, und dieses erstmalige Betreten einer fremden Stadt nahm in seiner Vorstellung ganz ungewollt das Wesen eines Aufklärungsganges an, dessen Voraussetzungen Schweigen und Vorsicht waren. Endlich aber hatte ihn auch der Weg durch die von einem, wennschon noch so bescheidenen festlichen Treiben belebten Gassen mit einem in seiner Lage nur allzu verständlichen Gefühl des Verlassen- und Einsamseins erfüllt, das ihn auf sich selbst zurückwies und ihm die Lippen versiegelte. Der Jubel der Kinder, die sich die Zeit bis zur Bescherung mit Schlittenfahren und Schneeballwerfen verkürzten – der Anblick des Christmarktes, auf dem die Händler begannen, ihren bunten Kram abzuräumen und die Buden zusammenzuschlagen, während die Weihnachtsbaummänner den Vorübergehenden ihre letzte Ware zu Schleuderpreisen anboten – die Frauen und Mägde, die, von köstlichem Backstubenbrodem umwölkt, Stollen und Pfefferkuchen auf verhüllten Brettern nach Hause trugen, und die erleuchteten Fenster der Häuser, hinter deren manchen der geschmückte Christbaum zu sehen war: das alles gemahnte ihn gar zu sehr an seine Heimatstadt

Gerdesheim, wo es jetzt ebenso zugehen mochte wie hier, so, wie er es in jedem Kindheitswinter von neuem erlebt hatte – nur, daß dort für ihn niemals wieder ein Christbaum geschmückt, ein Kuchen gebacken, ein Tisch gedeckt stehen würde. Der Oberleutnant Hans Lennacker, der jetzt ein Student war, hütete sich freilich, solchen Gedanken nachzuhängen. Er hatte beim Verlassen des Bahnhofs den Hut fest in die Stirne gedrückt, den Mantelkragen hochgeschlagen und war mit zusammengepreßten Lippen voranmarschiert, immer dem summenden Glockengeläut nach, das wie ein gewaltiger schneewolkendunkler Engel mit ausgebreiteten Schwingen und im Sturme sich wiegend über den Dächern der Stadt hing und um einen dem Wanderer noch unbekannten Mittelpunkt kreiste. Dann war er in einen, aus Seitenstraßen beständig sich speisenden Strom von Fußgängern geraten, die alle der gleichen Richtung zustrebten; als er mit ihnen in die Straße, die sich Michelsberg nannte, eingebogen war, hatte das Geläut sich plötzlich verändert. In großen schallenden Wellen stürzte es jetzt auf ihn ein, und nun war er im innersten Wirbel der rufenden, saugenden, lockenden Kreise. Er hatte die Augen erhoben und vor sich am Abschluß der engen ansteigenden Straße ein hohes spitzbogiges Tor golden in der Finsternis klaffen gesehen. Aus diesem Tor quoll das Licht, das sich ihm und denen, die seinen Weg gingen, gleich einem aus Strahlen und Glokkengedröhn gewölbten Schacht entgegenzubauen schien. »Das ist Sankt Michael – da hat also mein Großvater gepredigt«, hatte Hans sich in Erinnerung an den letzten Brief seiner Tante Ulrike gesagt und versucht, die Finsternis mit dem Blick zu durchdringen und den Umriß des Doms zu erspähen. Er konnte aber nichts wahrnehmen als die den dunklen Block des Gebäudes umwebende Aureole farbigen Lichtes, und so hatte er sich wieder den Hausnummern zugewandt, während ihm die aus Brauen und Wimpern tauenden Flocken tropfenweis über das Antlitz rannen. Vor dem letzten Haus auf der linken Seite der Straße, an der Ecke des Kirchplatzes konnte er endlich haltmachen. Ungläubig und leise enttäuscht sah er an der steilen Giebelwand auf, deren schwarze Fensterscheiben das Licht der Straßenlaterne spiegelten: innen aber schien keinerlei Leben zu wohnen. Einzig hinter dem vergitterten Glas im oberen Halbrund des stattlichen Portals glomm es trübe und rötlich. Hans Lennacker legte eben die Hand um den Griff des schmiedeeisernen Klingelzuges, um sich bemerkbar zu machen, als die Tür, die in den Torflügel eingeschnitten war, plötzlich aufging und Heraustretende ihn zwangen, zur Seite zu weichen. Es waren Frauen, alte schwarzgekleidete Frauen, die eine nach der anderen an Lennacker vorüberschritten, ohne ihn zu beachten...

Nun stand Hans Lennacker inmitten des von der Straßenlaterne durchleuchteten Schneewirbels der alten Schwester seines früh

verstorbenen Vaters zum erstenmal gegenüber. Das Vorhandensein dieser Verwandten war ihm erst vor drei Monaten zu Bewußtsein gekommen, als er Ende September, nach dem Tod seiner Mutter, einen Brief von der Tante ins Feld erhalten hatte. Nicht eher als vor zwei Wochen hatte er sich zur Beantwortung dieses Schreibens entschließen können und hatte dann postwendend eine Einladung erhalten, das Weihnachtsfest im Katharinenstift zu Frauenfelde zu verleben. Er hatte keinen stichhaltigen Grund finden können, die Aufforderung abzulehnen, was er eigentlich gerne getan hätte, und nun stand er also hier ziemlich unlustig vor Ulrike Lennacker. Es war ihm nicht eingefallen, sich im voraus irgendein

Bild von der Tante zu machen; Enttäuschung über ihr strenges Aussehen konnte es also nicht sein, die ihn plötzlich in rätselhaftem Erschrecken nachsinnen ließ, ob es nicht doch noch möglich sei, umzukehren und wieder abzureisen. Es blieb ihm jedoch zunächst gar keine Zeit, seine Empfindungen zu prüfen. Die Tante reichte ihm die Hand, aber statt aller Begrüßungsworte sagte sie nur: »Da wirst du wohl mit in die Kirche kommen müssen, mein Sohn!« worauf sie kehrtmachte, um sich mit denselben langen Schritten wieder an die Spitze ihrer Gefolgschaft zu begeben. Lennacker schloß sich ihr wohl oder übel an ...

Zu seiner Gewohnheit hatten Kirchenbesuche niemals gehört, auch in seiner Gymnasiastenzeit nicht. Dennoch überstürzte es ihn mit einem Schwall von Erinnerung, als nun das Geläute ausschwingend verstummte und die Orgel hinten, hoch über der Gemeinde, summend und ganz versonnen zu tönen begann. Das waren Erinnerungen und waren doch wieder keine: das war der nie mit wissenden Augen erblickte tote Vater, dessen Andenken wie ein Ahornbaum über seiner Kindheit gerauscht hatte; und das war die Mutter, Milch und Brot und Honig und Äpfel, die ersten unverfälschten Gaben des Lebens . . .

Während des Gesanges und der daran anschließenden Liturgie gewann er durch tiefes ruhiges Atmen und bewußte Unterdrückung alles dessen, was als Erinnerung oder Heimweh in ihm aufsteigen wollte, die Gewalt über seine Nerven zurück. An einem der Pfeiler nahm er in der Höhe der Empore das Bild eines riesenhaften und von barockem Mantelgewölk umflatterten Christophorus wahr, der, auf einen wahren Mastbaum gestützt, dem zu lauschen schien, was das auf seiner Schulter hockende winzige Christkind ihm in das umbuschte Ohr zirpte. Die feierlichen Worte vom Altar her verschmolzen ihm mit dem Anblick. Da aber diese Gedanken von dem Kinde, in dem alles versöhnt war: Sünde und Leid und Krieg und Tod, seine Brust wieder beben ließen, richtete er seine Augen nun fest auf den Geistlichen, einen untersetzten stämmigen Mann mit einem schönen, wie aus Erz gegossenen Kopf, der die Verheißungen und das Evangelium ganz ohne Salbung, mit kaum erhobener und doch eindringlich vernehmbarer Stimme, gleichsam mit ehrfürchtigem Staunen verkündete. Lennacker ließ diese Art in sich nachwirken, als nun der Kinderchor nach der Verlesung jauchzend das »Puer natus in Bethlehem – eija!« anstimmte. Er dachte betroffen: Was ist heut mit mir? Oder – was macht dieser Mann aus der alten Geschichte? Daß er eben gar nichts »daraus machte« – *das* war es, erkannte er jäh, und seine Hände umklammerten eine die andere, als habe ihn vor einem ungeahnten Anblick Schwindel ergriffen und als müsse er einen Halt suchen. Das war ja, stammelte es in ihm, das war ja – die Sache selbst, eine ungeheure, nicht zu übersehende Sache. Der Kaiser zu Rom und seine Statthalter, seine Beamten, seine Feldherren und die Legionen seiner Soldaten um den Erdkreis verteilt, der damals die Welt darstellte; in dem kargsten und steinigsten Land dieser Welt das arme Volk, das sich demütig-gehorsam aufmachte, um in wochenlanger mühseliger Wanderschaft seinem Gebot nachzukommen – darunter auch dieser Zimmermann, Joseph von Nazareth, mit seiner jungen schwangeren Frau; das Obdach bei den Tieren im Stall, gleichsam unterirdisch eingehöhlt bei den Wurzeln menschlichen Ursprungs; und nun hier – auf der Streu, im Dunst des wiederkäuenden, schnaubenden, stampfenden Viehs: Niederkunft! Mit dem meteorischen Aufglühen echter Vision stand das alles auf einmal vor seiner Seele. War es ihm denn jemals zuvor so klar geworden, was das alles bedeutete? Hätte er es nicht von damals her wissen müssen, als er im Herbst 1914 mit seinem Zug an der jungen französischen Frau vorbeimarschiert war, die an die Böschung des Straßengrabens gelehnt stöhnend dalag, niemand zur Seite als den alten verkrümmten Mann und den schwarzen Hund, der, die Pfoten auf das armselige Bündel seiner Herrschaft gestemmt, wütend gegen die Soldaten angekläfft hatte, während wenige Kilometer zurück schon die Granaten in das geräumte Dorf einschlugen . . .? Nein – vielmehr verstand er jetzt erst, wie durch einen Blitzstrahl, der die Nacht spaltet, rückblikkend, was jenes Bild in sich trug, begriff, was das hieß für die Frau: die Zeit, da sie gebären sollte – die *unentrinnbare* Stunde – unentrinnbar wie die Stunde des Todes. Und in einer solchen Stunde trat aus eines geknechteten Volkes verachtetstem Schoß das Kind hervor, bei dessen erstem Schrei die Strahlen jenes von Ewigkeit her das Antlitz des Menschen suchenden Sternes die Erde erreichten, Könige und Magier sich aufmachten, um dem Sohn der Magd ihre Huldigung darzubringen, und der Engel des Herrn im Jubel der Heerscharen niederfuhr, den erschrockenen Hirten die frohe Botschaft vollbrachter Erfüllung anzusagen, die dann, wiederum in Verheißung gewandelt, widerhallen sollte im Gang der Jahrhunderte:

Ehre sei Gott in der Höhe – Friede auf Erden –
Und den Menschen ein Wohlgefallen!

In jener Stunde war es Erfüllung gewesen, wußte Lennacker eben noch, unter der Wucht der Offenbarung fast taumelnd, als der Chor verhallte, die Gemeinde sich wieder setzte, und der Geistliche in beinah nüchternem Sprechton mit der Auslegung des Textes begann ...

»Gesegnetes Fest! Frohe Feiertage, Frau Domina!« hörte er grüßen; fragend und neugierig richteten sich Gesichter auf ihn. Ein-, zweimal hörte er sich auch als »Mein Neffe« vorgestellt, aber recht hastig und obenhin, als sei es auch der alten Dame nur darum zu tun, nach Hause zu kommen. Ohne auf ihre Gefährtinnen zu warten, überschritt sie den Kirchplatz fast stürmend und forderte mit einer stummen Bewegung Lennacker auf, ihr das Buch abzunehmen, als sie vor der Haustür angelangt waren. Während sie nun in dem großen schwarzen Beutel, der dem Leutnant schon in der Kirche aufgefallen war, zu wühlen begann, um endlich einen riesigen Schlüssel zutage zu fördern und ins Schloß zu stoßen, stellte er fest, daß das Schneetreiben aufgehört hatte und eine stille, feierlich scheinende Winternacht über den Dächern stand. Ein leichter Frost ließ alles glitzern und schimmern; Lennacker hob den Blick und sah den Himmel voll Sterne. Dann trat er hinter der Domina in den gewölbten Torweg ein . . .

Alsbald sah er sich in einem saalartig-großen Zimmer, in dem ein langer Tisch mit zahlreichen Gedecken eine bevorstehende Mahlzeit zu gewährleisten schien. Eine zweite Tafel trug einen Aufbau von Gegenständen unterschiedlichster Art; da gab es sowohl Kleidungsstücke als Bücher, Regenschirme und hauptsächlich Filzschuhe von jedem Ausmaß. Zu Füßen des hohen, sparsam mit Äpfeln, goldenen und silbernen Kugeln und blankem Lametta geschmückten Christbaums stand eine figurenreiche, bunte und lustige Weihnachtskrippe. Lennacker machte einen Schritt darauf zu, um sie eingehender Betrachtung zu unterziehen – das gab es aber vorderhand nicht. Er sah sich einem alten Mädchen mit rundem Gesicht unter glatt gescheiteltem Haar vorgestellt, das über schwarzem Kleid eine große, schneeweiße Schürze trug, vernahm, daß dies »unsere liebe Steckelberg« sei, rechte Hand der Domina, Sekretärin, Schatzmeisterin und Musikmeisterin in einer Person, und hatte dann auf einmal einen Besenstiel in der Hand, an dessen einem Ende ein Lichtstümpfchen klebte. Mit dem entfachten Flämmchen zündete er nun vorsichtig die gelben Wachskerzen an, die den Baum nicht zahlreich, aber in geschickter Anordnung doch bis zur Spitze erhellten, und in diesem Tun lag von neuem eine Versuchung, alles für einen Traum zu halten oder aber für den Beginn eines Lebens, in das er unmittelbar aus den Granatlöchern von Verdun aufgestiegen war und das keine Beziehung zu irgendeiner Vergangenheit hatte. Plötzlich erscholl Musik. Die liebe Steckelberg, die sich ihrer Schürze entledigt hatte, saß am Harmonium. Was war das doch für ein Lied? Lennacker, der eben das höchste Licht zum Brennen gebracht hatte, blieb, auf den Stab gestützt, mit gesenktem Kopf neben dem Weihnachtsbaum stehen. War das wirklich »Ihre Kinderlein kommet!« wie es daheim die Großmutter gespielt hatte, wenn die Mutter ihn mit dem Geläut der silbernen Schelle zur Bescherung hereinrief? Lennacker blickte verwirrt nach der Türe am Saalende: die alten Damen kamen herein, eine hinter der anderen. Mit dünnen zitternden Stimmen sangen sie tapfer die Worte des Liedes mit. Neben dem Gabentisch aber stand die Domina, klopfte mit den Knöcheln der Rechten den Takt in die Fläche der Linken und brummte mit immer wieder versagendem Baß wenigstens annähernd die Melodie. Jetzt erst, als die Eingetretenen sich niederließen, nahm Lennacker wahr, daß ein Halbkreis von Stühlen bereitgestanden hatte; die Domina setzte sich in einen vereinzelten Sessel unmittelbar vor der Krippe. Die Steckelberg huschte zu ihr hinüber und reichte ihr eine aufgeschlagene Bibel, und nun hörte Lennacker von der tiefen und rauhen Stimme seiner Tante die Weihnachtsgeschichte noch einmal verlesen. Die Steckelberg hatte ihm heftig gewinkt, er möge sich auf einen freien Stuhl setzen. Er war aber stehen geblieben, er stand an seinem Stabe neben der Krippe wie einer der Hirten oder ein anderer Joseph und blickte auf diese alten Jungfrauen hin, zu deren keiner je ein Engel gekommen war, obgleich sie alle, wie er nach einer Bemerkung aus einem Brief seiner Tante annehmen mußte, Töchter von Pfarrern waren und darum doch Beziehungen zum Himmelreich haben mußten. Derartige anscheinend leichtfertige Betrachtungen kamen dem Leutnant indessen ganz ernstlich und aus der Stimmung von Mitleid, Ungeduld und Ehrfurcht heraus, die ihn beim Anblick dieser Versammlung dürftiger Greisinnen und alter Mädchen befiel, die mit gefalteten Händen und hungrigen oder sehnsüchtigen Augen in den Kerzenglanz sahen und lauschten. Als die Stimme verstummte und alle sich plötzlich erhoben, fuhr er ein wenig zusammen und sah sich nach einem Platz für den Besenstiel um.

Besenstiele – haben sie also auch ... ging es ihm dabei verloren durch seinen Kopf. Nicht ohne Scheu sah er sich nach der kleinen Greisin von vorher um, die auch jetzt im warmen Kerzenschein nicht anders wirkte wie ein steinalter Vogel, der fror und das übel nahm. Nun kam aber die Steckelberg und wand ihm den Besenstiel sanft aus der Hand. »Sie Ärmster!« glaubte Lennacker sie dabei flüstern zu hören, und unversehens hatte Tante Ulrike ihn beim anderen Arm. »Jetzt wollen wir uns einmal vorstellen!« sagte sie, und plötzlich sah sich Lennacker in die Mitte des Halbkreises vor die Krippe gestellt. Die Augen der Damen waren so teilnahmsvoll auf ihn gerichtet, daß er seine eigenen niederschlug und sich in Verwirrung verbeugte.

»Mein Neffe, Oberleutnant Jakob Johannes Lennacker – unser Weihnachtsgast, meine lieben Konventualinnen!« hörte er die Domina sagen. »Der Letzte unseres Namens«, fügte sie unvermittelt wie unter dem Druck einer starken Bewegung hinzu, »den der Herr durch die Schrecken dieses Krieges hindurch heim in das Haus seiner Väter geführt hat. Lob, Ehr' und Preis sei dir, Herr, in Ewigkeit! Amen!«

»Amen!« antwortete es feierlich rings im Kreise... Die Tante hatte sich seines Armes von neuem bemächtigt und rief mit gravitätischer Munterkeit: »Nun, so wollen wir doch einmal sehen, was das Christkind einem jeden von uns beschert hat!« Hierauf ging sie, den Neffen mitziehend, strammen Schrittes auf den Gabentisch zu, während die Steckelberg voranhuschte und am Ende der Tafel ein weißes Tuch lüftete, das bisher zwei Plätze verhüllt hatte. Dies entlockte der Domina ein tiefes, wohlwollendes Lachen. »Du siehst«, sagte sie, »die gute Steckelberg war der Meinung, wir beide würden wie neugierige Kinder nach unseren Geschenken hinschielen und um unsere Überraschung kommen! Da habe ich den anderen doch mehr Selbstbeherrschung zugetraut, indem ich alles offen vor ihren Näschen ausbreitete!«

»Oh, Frau Domina!« hauchte die gute Steckelberg.

Lennacker war ziemlich erschüttert dort stehengeblieben, wo ihn die Tante hingestellt hatte. Er sah sich einer solchen Fülle sonderbarer Geschenke gegenüber, daß er sich am liebsten den Kopf gekratzt hätte. Da war ein leinener, rot bestickter Kragenbeutel und ein aus grüner Seide gehäkelter Schlips; da waren gestrickte Handschuhe und Pulswärmer, wollene Schals und ein Gegenstand, der sich nur als Leibbinde ansprechen ließ; ein halbes Dutzend feldgrauer Socken lagen ebenfalls da. Die Damen des Katharinenstiftes standen offensichtlich noch völlig unter dem durch Jahre hindurch unwiderlegt gebliebenen Eindruck, daß der Mann in Wolle zu kleiden sei, um dem Leben gewachsen zu bleiben. Auch mochten sie Restbestände großer Mengen feldgrauen Strickgarns liegen gehabt haben, ging es Lennacker sanft durch den Sinn. Er griff nach dem Folianten, der in der Mitte lag, einem schweren Schweinslederband mit metallenen Schließen; es war eine Bewegung, die er weniger aus besonderem Interesse als aus dem Bedürfnis tat, überhaupt Teilnahme an den Tag zu legen, und immerhin nahm er das Buch von all den Gegenständen, die ihm da zugedacht waren, noch am unbefangensten in die Hand. Dann aber, als er die Schließen gelöst und den Deckel aufgeschlagen hatte, neigte er sich betroffen über das erste vergilbte und stockfleckige Blatt. In bräunlich ausgeblichenen, eigentümlich schnörkelhaften, dennoch deutlich lesbaren Schriftzügen war ihm sein eigener Name in die Augen gesprungen. Da war nur eine Kleinigkeit, die ihn befremdete – richtig: da stand Lennacrius anstatt Lennacker –, aber im übrigen: Johannes Jakobus Lennacrius! Von dem Datum, das darunter geschrieben stand, vermochte er nur die Jahreszahl 1665 klar zu erkennen; und nun starrte er gebannt auf die in der Anordnung eines Leitspruchs folgenden Zeilen:

*»Ein Acker ist uns zu Lehen gegeben.
Unser Pflug das Kreuz. Unser Saatkorn
das Wort. Die Ernte lobe den Herrn.«*

Er las es, indem er die Zeilen mit dem Zeigefinger nachfuhr, um sie genau zu entziffern, blickte staunend auf und wandte sich nach der Domina um; sie stand neben ihm und sah ihn bedeutungsvoll an. »Du hast das Wichtigste mit sicherem Griff herausgefunden, Hansjakob«, hörte er ihre tiefe Stimme befriedigt sagen; »das ist die Bibel des Hofpredigers – unseres Vorfahren, des Hofpredigers in Rotha, Jakob Johannes Lennacker.

HERMANN SUDERMANN

Notstandswinter 1867

Als der harte ostpreußische Winter hereinbrach, wurde das Elend erst recht groß. Wahrhaftig, die eigene Not verschwand hinter der, die sich schlotternd und zähnefletschend und tagtäglich rund um uns auftat. Und die Not erst, die sich nicht mehr sehen ließ! – Mama war tapfer wie immer. Mit den anderen Vorsteherinnen des Frauenvereins fuhr sie von Dorf zu Dorf, lindernd und helfend überall, wo Hilfe und Linderung gerade noch als Wunder vom Himmel herabfallen konnten.

So nahte das Weihnachtsfest. Und uns Kindern wurde bedeutet, daß dieses Mal infolge der großen Not an eine Bescherung nicht zu denken war; wir möchten uns zufrieden geben und uns derer erinnern, denen im Leben nie ein Weihnachtsbaum brennt. Das kam uns hart an, und von allen Entbehrungen, die das Notstandsjahr auferlegte, war dies entschieden die härteste. Aber in unserem tiefsten Innern ließ das Gefühl sich nicht zum Schweigen bringen: So schlimm kann es nicht werden, und Mama wird schon Rat schaffen.

Auch meldeten sich gewisse Anzeichen, daß allerhand Vorbereitungen im Schwange waren, die auf Großes und Heimliches hinwiesen. In der Weihnachtswoche konnten wir nicht mehr einschlafen, und wenn Großmama hinter ihrem Bettschirm tiefer atmete, dann schlüpften wir leise zur Tür hinaus und die Treppe hinunter, um zu erforschen, was unten geschah. In unseren Hemden standen wir frostzitternd im eiskalten Hausflur, bald der eine, bald der andere mit dem rechten Auge vorm Schlüsselloch, dessen Lichtschimmer bewies, daß Mama immer noch auf war. Mochte es zwölf sein oder zwei oder drei, Mama saß vor ihrem Arbeitskasten und nähte. Aber niemals zeigte sich ein Baumbehang oder ein vergoldeter Apfel.

Darum schwand uns bei Tage jegliche Hoffnung, aber in der nächsten Nacht begannen wir das Spiel der Sehnsucht aufs neue.

Der Weihnachtsabend kam heran, und wir durchstöberten sämtliche Winkel, aber nicht die Spur eines Tannenbäumchens ließ sich entdecken, und wenn wir uns Mama an den Hals hängten, blieb sie dabei: »In diesem Jahre gibt's keine Bescherung.«

Wäre nur das weiche und verschämte Lächeln nicht gewesen, mit dem sie sich aus unsrer Umarmung löste, und da bei uns der Tannenbaum nicht schon am Abend, sondern nach alter Strandsitte erst am Weihnachtsmorgen angezündet wurde, so brauchten wir immer noch nicht zu verzagen.

In dieser Weihnachtsnacht schlossen wir drei kein Auge. Als die Uhr zwölf schlug, tappten wir zum ersten Male hinunter – da saß Mama noch vorm Nähzeug. Um eins zum zweiten Male – da war das Schlüsselloch verhängt.

Hatten wir in den vorigen Nächten Großmama erweckt, und hatte sie uns verraten? Oder waren wir vorher im Hausflur zu laut gewesen?

Wie dem auch sein mochte, Schlimmes konnte die neue Heimlichkeit nicht bedeuten.

Um zwei war noch Licht. Um drei auch noch. Um vier wurde es dunkel. Und um fünf saßen wir fertig angezogen auf unseren Stühlen, um, wenn wirklich die Glocke klang, den großen Augenblick nicht zu versäumen.

Um sechs erwachte Großmama und sagte: »Ich habe diese Nacht kein Auge zugemacht, so unartig seid ihr gewesen.«

Um sieben Uhr zündete sie Licht an und begann, sich hinter dem Bettschirm anzuziehen. Das tat sie freilich auch sonst um diese Zeit, aber heute war Feiertag – warum heute? Und dann schalt sie: »Kinder, die so böse sind, daß sie ihre alte Großmama nicht schlafen lassen, die wollen auch noch eine Bescherung haben?«

Da war es mit unserer Zuversicht von neuem zu Ende.

Um halb acht brach der erste Morgenstrahl durchs Fenster. Nun war gar nichts mehr zu hoffen, denn bei Tage können die Weihnachtsbäume nicht brennen.

Aber plötzlich – noch heute, da ich dies niederschreibe, macht mein Herz einen Sprung – ging es tieftönig wie eine Kirchenglocke »Bum, bum, bum« durchs ganze Haus.

Und als wir hinunterstürmend die Tür des Wohnzimmers aufrissen, da brannte der Weihnachtsbaum genauso hell, wie er in glücklichen Jahren gebrannt hatte. Und ringsum standen die bunten Teller und lagen die Geschenke in nicht geringerer Fülle, als sie uns sonst beschert worden waren.

Zwar, sah man genauer hin, so fand es sich, daß in dem Stall ein Pferdchen fehlte und daß der Säbelgriff mit einer Drahtschlinge an der Klinge befestigt war – Böswillige hätten sagen können, es seien alte Bekannte – wir aber staunten und jubelten und hatten nie eine reichere Weihnacht erlebt.

Später, als wir größer waren, hat meine Mutter uns erzählt, wie die Bescherung zustande gekommen war. Sie hat alles in allem nach heutigem Gelde drei Mark fünfundsiebzig gekostet.

Auch jener böse Notstandswinter ging vorüber, und als das Haff und die Flüsse aufgetaut waren, lagen eines Tages am Heydekrüger Marktplatz zwei große Frachtkähne von einer seltsam bauchigen Form, wie wir sie noch niemals erblickt hatten. Die waren von Stettin übers Meer gekommen und bis zum Rande gefüllt mit Kartoffeln, eigroßen, glattschaligen, goldgelben Kartoffeln, wie sie uns schon fast aus dem Gedächtnis verschwunden waren.

Weihnachtslied aus Österreich

Grünet, Felder, grünet, Wiesen,
Weil der Heiland ist gebor'n.
Den Gott selber auserkiesen,
Sonsten wär'n wir all verlorn.
Drum so lasset uns frohlocken
Und ihn benedeien all!
Ja, ja schaut nur, er liegt dorten
In ein'm schlechten Ochsenstall.

Ich will die Pfeifen auch mitnehmen,
Den Dudelsack nimmst du mit dir,
Wenn das Kind anfängt zu flennen,
Pfeifen wir ein'n Tanz ihm für.
Danach hebt's bald an zu lachen
Und hört mit dem Weinen auf,
Ja, es wird auf uns herlachen
Wenn wir so schön spielen auf.

O mein Kind, wir alle grüßen
Und von Herzen bitten Dich:
Wenn wir einmal sterben müssen,
Sei so gut, verdamm uns nicht!
Tu die Sünden uns verzeihen
Und die Straf' auch schenken mit
Und den Himmelstrost verleihen,
Das ist unsre große Bitt'.

WILHELM LOBSIEN

Es rauscht die Flut

Nebelfeuchte Dämmerung lag schwer und grau über der kleinen Hallig und tropfte eintönig von den tief herabhängenden Strohdächern auf die Aak, den meterbreiten, aus Steinen zusammengefügten Weg, der die niedrigen Häuser umgab und sie alle sowohl untereinander als mit der kleinen Kirche verband. Von der Seekante herüber kam das dumpfe Murren und Grollen des Meeres, das unter den Stößen des aufkommenden Sturmes ab und zu hoch aufklatschte und seinen weißen Schaum über die weiten Fennen schleuderte. Windverwehte Haffvögel taumelten vor den drängenden Wolken her und suchten Schutz in der Nähe der Warft.

Pastor Cornils stand, zum Gottesdienst fertig, in seinem kleinen Arbeitsstübchen, lehnte sich unschlüssig an sein Schreibpult, ließ sein Barett spielend und doch unbewußt durch die leise zitternden Finger gleiten, strich sich dann und wann über das weiße, dünne Haar und blickte durch die unverhängten Fenster in die dunkler und schwerer werdende Dämmerung hinaus.

In kurzen Zwischenräumen kam ein klappernder Schritt unter den Fenstern vorbei; schwerfällig, tief gebückt, kämpften die Halligleute gegen den Sturm, um den Weg zu ihrer kleinen Kirche zu finden. Es war ja Weihnachtsabend, und da wollte niemand zu Hause bleiben.

Weihnachten! Weihnachtsabend!

Pastor Cornils reckte seinen alterskrummen Rücken grade und seufzte leise auf.

Nahezu fünfzig Jahre war er auf der Hallig und hatte allzeit Freud und Leid mit den Halligleuten geteilt, war ihnen nicht nur Seelsorger, sondern Freund und Berater in allen irdischen Dingen gewesen, und so war er einer der ihren geworden, der so gut wie jeder Halligmann mit Wind und Wetter Bescheid wußte. Und so hörte er aus dem heller und heller werdenden Heulen des Windes, dem dumpfer und dumpfer werdenden Brausen des Meeres und sah aus den dunklen Rauch- und Nebel-

schwaden, die zersetzt zwischen den Hütten und unter den Fenstern entlangjagten, daß eine böse Nacht kommen würde. Sie erlebten es fast in jedem Herbst oder Winter, daß der blanke Hans gegen sie anrannte, und fanden sich in sicherem Gottvertrauen drein.

Aber heute war Weihnachtsabend, Tag des Friedens und der Freude; konnten sie da nicht verschont bleiben?

Noch etwas anderes kam hinzu. Zum ersten Male sollte drüben in dem kleinen, wind- und seeumbrausten Halligkirchlein ein Weihnachtsbaum den süßen Duft seiner grünen Zweige verbreiten, sollten zum erstenmal all die vielen bunten Kerzen ihr strahlendes Licht bis in den letzten Winkel, bis in das letzte sehnsüchtige Menschenherz senden und alt und jung erfreuen. Zum erstenmal!

Noch nie hatten sie hier draußen ein Christbäumchen gehabt; aber in diesem Jahre hatte Melf Paulsen, der im vorigen Jahre seine Weihnacht bei einer auf dem Festland verheirateten Tochter gefeiert hatte, einen Baum mit allem, was dazu gehörte, hinter dem festen Wall geholt, und der sollte am heutigen Abend brennen.

Ein ganz feines Lächeln glitt über das alte, gütige Gesicht des Pastors, als in diesem Augenblick die Glocke zu tönen anhub und der Sturm ihr hastiges Rufen und Mahnen über die Warft schleuderte. Es war ja nicht wie sonst, wenn sie an stillen Sommertagen lockend rief, o nein, heute war ängstliche Hast und schreckhaftes Aufschreien in ihren Klängen; aber nirgends auf der Welt waren die Menschen ihrem Gott näher und inniger mit ihm vereint als hier in der Einsamkeit des tosenden Meeres, und diese Gewißheit machte Pastor Cornils stark und sicher, daß er lächeln konnte, als er, sein Gewand fest um sich pressend, in den Sturm hinausschritt.

Fast hätte das Wetter ihn in die Tür zurückgeschleudert, und nur mit Aufbietung aller Kraft konnte er seinen Weg fortsetzen. Am Aufgang zum Kirchhof traf er die alte Beke Pauls; sie hielt sich am Gitter fest und verpustete sich nach schwerem Kampf.

»Na, Beke, geht's nicht weiter?«

»Ach, Pastor«, keuchte sie, »man wird alt und stackelig. Pastor ist auch nicht mehr der Jüngste und macht doch auch immer mit.«

»Gewiß, Beke, so lange es geht, mache ich mit. Aber komm, ich will Beke stützen, vereint kommen wir wohl gegen den Wind an.«

Entsetzt hob sie die Hände.

»O nein doch, Pastor, was sollen die andern denken... nein, nein, es geht schon allein. Fröhliche Weihnacht, wollt ich Pastor noch sagen, aber ich glaube nicht recht dran.«

Damit humpelte sie schon, so gut sie konnte, davon, um im Schutz des kleinen Gotteshauses sich an die Süder-Kirchtür zu schleichen.

Pastor Cornils blickte ihr lächelnd nach ... Alte Beke, du hast immer, wie viele von euch Frauen hier draußen, deinen Weg allein erkämpft, seitdem der blanke Hans dir Führer und Stütze genommen hat und du dein Geschick in die Hand des Ewigen gelegt hast; woher käme dir sonst dein Mut? Was aber wirst du sagen, wenn du heute das helle Bäumchen auf der Kirchdiele brennen siehst? Denn niemand weiß davon außer Melf Paulsen und mir; euch andern soll es die große Christüberraschung und Weihnachtsfreude werden.

Als Pastor Cornils ins Karenhaus trat, war es schon dunkel geworden. Als er aber in die Kirche eintrat, strahlte ihm flackerndes Licht entgegen und warf seltsam tanzende Schatten an die weißgetünchten kahlen Wände und über das große, aufgetakelte Vollschiff, das als einziger Schmuck von der Decke herabhing. Die alten Schiffer und Fischer hatten ihre Positionslaternen, ein Andenken an ihre Seefahrtszeit, mitgebracht, und nun blickten die großen roten und grünen Lichter wie große, stumme Augen über die versammelten Halligleute. Hier und da hatte eine Frau oder eins der jungen Mädchen einen Lichtstumpf angezündet, trug ihn in den auf die Banklehne aufgestützten gefalteten Händen und blickte gläubig in den aufzuckenden Glanz.

Sie waren alle versammelt, und darum, als die Tür ging, wußten sie, daß ihr Prediger eingetreten sei, blickten sich nicht um, sondern schauten stumm und groß vor sich hin, horchten auf den Sturm, der polternd gegen Tür und Fenster stieß, sahen im Geist das schäumende, rollende, brüllende Meer gegen ihre kleine Hallig stürmen und warteten darauf, was wohl ihr alter Pastor dazu sagen würde. Er war ja ein Halligmann wie sie und mußte wohl das Rechte wissen, und wenn er glaubte, daß es mit dem Christgottesdienst noch gehe, so würde es schon gehn, das stand fest.

Pastor Cornils schritt langsam den Gang entlang bis hinter die Kanzel. Hier stand Melf Paulsen mit dem schmuckbehängten Baum und lauschte besorgt auf Sturm und Wetter.

»Meint Pastor nicht auch, daß es schlimm wird?« flüsterte er.

»Wir stehen alle in Gottes Hand, Melf.«

»Gewiß, Pastor, aber ich fürchte, das Wasser kommt heute schnell hoch.«

»Bei Wind aus dieser Ecke?«

»Er ist umgesprungen. Wenn Pastor mal hinhören will?«

»Es ist so, Melf; aber eine Stunde werden wir wohl noch Zeit haben.«

Melf hob ungläubig die Schultern: »Wenn Pastor meint – und wir haben ja auch den Baum. Ich will lieber gleich anzünden.«

In diesem Augenblick kam Friech Jansen aus seinem Gestühl gehumpelt. Er war von Melf in das Weihnachtsgeheimnis eingeweiht worden und trat nun besorgt zu den beiden.

»Es wird schlimm, Pastor! Es kommt eine böse Nacht, darum laßt uns eilen.«

»Ja, ja«, erwiderte Pastor Cornils, »so rüstet den Baum, bis ich euch rufe.«

Mit ruhigen Schritten, als drohe nirgends ein Unheil, trat er die Stufen zum Altar hinan, betete einen Augenblick stumm und begann dann mit warmer, klingender Stimme das Weihnachtsevangelium zu sprechen. Kaum waren die Worte: »Ehre sei Gott in der Höhe und Friede auf Erden und den Menschen ein Wohlgefallen« verklungen, da trugen Melf und Friech den brennenden Baum herbei und stellten ihn in den Kirchengang, grade vor die in stummem Staunen in die Pracht starrende Gemeinde.

Vergessen war in diesem Augenblick das drohende Lied des Sturmes, das dumpfe Grollen der See – in seliger Verzücktheit hingen aller Augen an dem nie geschauten Wunderbild. Und als nun gar von zarten Kinderstimmen die wundervolle Süße des Liedes »Es ist ein Ros' entsprungen« durch das Kirchlein scholl, da schluchzte leise hier und da ein altes Mütterlein auf, und der Kerzenschein brach sich in mancher Träne, die über ein bärtiges Männerantlitz rann.

So merkten sie nicht, daß der alte Friech sich heimlich durch die Kirche schlich, vorsichtig die Tür öffnete und hinaustrat. Entsetzt prallte er zurück. Vor sich nichts als eine ungeheure rollende, grollende, wild sich überstürzende See, die alle Priele bis oben gefüllt hatte und an manchen Stellen weißstiebend über die Halligfennen jagte, so daß schon jetzt einige Warften durch die strömende See von der Kirchwarft getrennt waren.

Mühsam kämpfte sich Friech um die Kirche herum, um Ausblick nach Nordwesten, von wo jetzt der Sturm kam, zu halten. Er mußte sich an den Grabgittern festhalten, um nicht vom Druck des Wetters zurückgeschleudert zu werden und stand endlich, festgeklammert an der Nordertür, und blickte mit zusammengekniffenen Augen in Gischt und Wasserschwall hinaus.

Herrgott, war das ein Wetter, war das eine See!

Weißüberschäumt rasten die schwarzen Wogen brüllend heran, überstürzten sich in krachendem Brechen und rasten mit jedem neuen Sprung näher heran. Längst hatten sie die Halligkante überrannt, die Fennen unter sich begraben und sprangen nun beutegierig und zähnefletschend die Kirchwarft hinan.

Friech streckte die Hände aus, als wollte er die Wellen bannen, und seine Zähne knirschten in ohnmächtiger Wut. Was konnte Menschenhand gegen solchen Sturm und solche See machen! Da gab es nur eins: so schnell wie möglich nach der eigenen Warft eilen, um dort zu sichern und zu retten, was noch zu retten war. Größte Eile tat not, und darum ließ Friech sich nicht einmal Zeit, an die Südertür, die im Windschutz lag, zu gehen, sondern riß die Nordertür auf.

Der Sturm sprang vor ihm hinein, schrie und pfiff gellend durch den Raum, griff in die Lichter und Kerzen, daß die Flammen ängstlich flackerten und zum Teil erloschen, und brüllte, während die Schaumspritzer klatschend gegen die kleinen Fenster schlugen, was schon alle Männer seit ein paar Minuten wußten, daß die Hallig in Not sei. Mit aller Gewalt und mit Hilfe einiger anderer schloß Friech mühevoll die Tür und trat dann eilig unter die Männer und jammernden Frauen, die angstvoll hinausdrängen wollten.

»Ist's schlimm, Friech?« fragte Pastor Cornils hastig, indem er ihm entgegeneilte.

»Nichts mehr zu machen, Pastor. Wir Männer wollen uns durch das Wasser nach Hause arbeiten, wenn's noch geht, und nach den Kühen und Schafen sehen. Hätten wir nur das Kirchboot hier! So aber muß Pastor mit den Frauen und Kindern in der Kirche bleiben und es hier überdauern. Und nun kommt, ihr andern!«

»Gott mit euch, Friech!«

Ohne ein Wort zu verlieren, lösten sich die Männer von den Frauen und Kindern und eilten hinaus.

Die Zurückbleibenden hörten die Tür hart ins Schloß fallen, und dann war um sie her nichts als das Brüllen und Toben von Sturm und Flut und das Anklatschen der drängenden See an die Fenster. Einige der Kinder wimmerten und schluchzten schreckhaft auf; aber als die Mütter sie begütigend an sich zogen, wurden sie ruhig wie all die alten und jungen Frauen, die mit im Schoß gefalteten Händen starr, nur dann und wann schwer atmend, vor sich hinblickten. Der blanke Hans hatte zu oft an ihren Hütten und Häusern gerüttelt, ohne ihnen großen Schaden zu tun; er würde wohl auch heute vom Herrn über Sturm und Wellen besiegt und in friedevolle Bahnen gelenkt werden ...

Klatsch! Krach! Das waren keine Spritzer, das war eine Welle, die mit täppischen Händen gegen ein Fenster schlug und Einlaß begehrte. Noch eine – und noch eine, daß die Frauen aufschreiend sich dicht aneinanderdrängten und mit aufgerissenen Augen nach den Fenstern blickten, ob wohl neue Schrecken kommen würden.

Herr des Himmels, welch eine Weihnacht!

Da stand plötzlich der alte Pastor Cornils auf

der Kanzel, streckte seine Hände aus, als wollte er die Mauern des Kirchleins stützen und sagte ganz laut, ruhig und friedvoll:

»Oh, ihr Kleingläubigen, warum seid ihr so furchtsam?«

Und dann sprach er zu ihnen von Jesus, der auf dem Meere wandelte, der im tobenden Sturm ruhig schlief und über die ängstlichen Jünger lachte: »Und er stand auf und bedrohte den Wind und das Meer, da wurde es ganz stille. Er ist auch heute unter uns und kann auch heute noch Wind und Meer stillmachen. Er ist auch heute mit den Männern, die die Sicherheit unseres Gotteshauses verlassen haben, um unsere Hütten und Häuser, unsere Schafe und Kühe zu sichern. Ich sehe sie, wie sie an des Heilands Hand sicher und ruhig heimschreiten. Bald wird auch der Sturm still werden und das Meer einschlafen, und dann kehren wir alle heim.«

Dabei gingen seine Blicke durch die Fenster hinaus, aber seine Augen sahen und seine Ohren hörten etwas ganz anderes, sahen den ungeheuren Wogenschwall, der über die Hallig rauschte, sich zwischen den einzelnen Häusern hindurchwühlte, gegen Türen und Fenster klatschte, und hörte das Branden und Brüllen der See, die alles zu verschlingen drohte. Aber, wenn er in die groß und gläubig ihn anblickenden Augen schaute, dann konnte er nicht anders, dann mußte er ihnen ein anderes, ein tröstliches Bild vor die ängstliche Seele zaubern, und so sprach und sprach er, bis sich die stürmische See all der bangen Frauen- und Kinderherzen glättete.

Ein Licht nach dem andern brannte nieder und verknisterte im Grün der duftenden Zweige. Zuletzt brannte nur noch ein einziges Licht, das aus der Spitze des Baumes emporragte und unbekümmert um den krachenden Lärm und der ins Gotteshaus stoßenden Windböen seinen Glanz steil und ruhig zur Höhe sandte, als wollte es dem alten Pastor recht geben, der von dem ewigen Licht sprach, das gekommen sei, der Welt einen neuen Schein zu geben.

Tiefer und dunkler wurden die Schatten, noch ein leises, letztes Aufflackern – dann lag das Kirchlein in schwerer Dunkelheit, und die Angst wollte erneut die Herzen der Harrenden packen und die Sorge um die Männer sie von ihren Sitzen aufjagen. Pastor Cornils beschwor sie mit bittenden Worten, zündete die auf dem Altar stehenden Kerzen an und begann aus vollem Herzen zu singen: »Harre meine Seele, harre des Herrn.« Und als das Lied, nachdem es Mut und Vertrauen geweckt hatte, ausgeklungen war, sangen sie ein Weihnachtslied nach dem andern und vergaßen erneut der Not, die über der Hallig lag.

Schon war Mitternacht vorüber. Auch die Altarkerzen neigten sich dem Ende zu. Feuchte Kälte füllte den ganzen Raum und ließ die Frauen und Kinder erschauern. Aber die meisten von ihnen waren in einen leichten Schlummer gefallen, aus dem sie nur dann und wann durch einen der seltener und schwächer werdenden Windstöße gerissen wurden.

Die alte Beke war noch wach und lauschte angestrengt ins Wasser.

»Nun werden sie gleich kommen«, sagte sie, und es klang klar und hoffnungsfroh.

»Wer, Beke?«

»Die Männer! Das Wasser kentert, und der Wind ist umgesprungen; kann Pastor das nicht hören?«

»Beke hat recht, gelobt sei Gott!«

Sie reckten sich alle fröhlich auf; aber gerade

in diesem Augenblick warf sich der Sturm mit erneuter Wucht gegen Türen und Fenster, daß alle entsetzt aufschrien.

Es war der letzte gierige Ansprung der See. Murrend und grollend wühlte sie über Fennen und Warften. Aber da der Wind umgesprungen war und ihr nicht mehr half, erlahmte ihre Kraft, und schäumend begann sie, sich ins große, weit Meer zurückzuwälzen.

Vor der Kirche wurde plötzlich helles Rufen laut, Lichtschein tanzte vor den Fenstern, dann wurde die Tür aufgerissen, und herein stürmten in langen Seestiefeln und blanken Südwestern die Männer, allen voran Melf Paulsen und der alte Friech:

»Fröhliche Weihnacht! Fröhliche Weihnacht!«

Sie riefen es beide wie aus einem Munde, und fröhlich kam von allen ihnen entgegendrängenden Frauen die Antwort:

»Fröhliche Weihnacht! Und Gott sei Lob und Dank!«

»In Ewigkeit, Amen! Aber nun sagt, Friech, wie es war.«

»Gern, Pastor«, und in seiner etwas umständlichen Weise erzählte Friech, wie sie schier verzagt seien, als sie durch das drängende, poltrige Wasser hindurch nach ihren Warften gewatet wären. Hätten sie sich nicht gegenseitig aneinander festgehalten, so hätte der blanke Hans gewiß den einen oder andern mit sich gerissen. Ganz ordentlich wären sie vorgegangen, ein Haus nach dem andern hätten sie durch Sandsäcke festgemacht, besonders die Türen, hätten auch Schafe und Kühe gelöst und beruhigt, und wären dann zum nächsten Haus gegangen. Die letzten Warften hätten sie im Boot erreicht, und das sei noch das schwerste gewesen; denn die See wäre fürchterlich hart angesprungen. Immer aber hätten sie vom tanzenden Boot den Lichtschimmer in den kleinen Kirchenfenstern blinken sehen und wären dadurch mutig und stark geworden.

»Und nun sind wir endlich wieder da. Die Boote ankern vor der Kirchenwarft; denn noch drängt die Flut abziehend zwischen den Warften. Aber kommt nur, es wird alles wieder gut.«

Schon wollten sie, der neuen Freiheit froh, zur Tür eilen, als Pastor Cornils vor sie hintrat:

»Nicht also, meine lieben Halligleute! Wir

wollen doch unsern Christabend ... fast ist es eine Christnacht geworden ... nicht so beschließen, daß wir davonlaufen wie aufgescheuchte Schafe. Nach Sturm und Wassersnot hat Gott uns wieder Ruhe und Frieden übers Meer gesandt und uns eine stille Nacht geschenkt. So laßt uns ihm danken und unser altes, liebes Weihnachtslied singen, bevor wir in die Boote steigen und zu unseren Warften fahren.«

Sie nickten ihm glücklich zu, und während das Brausen der See stiller und ferner und die Sturmstöße schwächer und seltener wurden, sangen sie aus dankfrohem Herzen:

»Stille Nacht, Heilige Nacht!«

Dann drängten sie ihre Boote den Hütten und Warften zu.

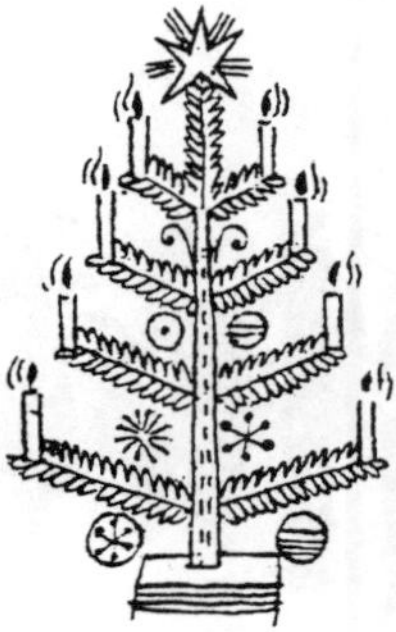

PAUL EIPPER

Im Zirkus

Jedesmal am Heiligen Abend kommandierte die Chefin bei der Wachenverteilung: »Nach Schluß kommt alles in meinen Salonwagen!«

Der »Salonwagen« war ganze 4 m lang; heutzutage würde er auch als Packwagen zu schäbig sein. Aber wenn wir durchfroren über die kleine, verschneite Leitertreppe stiegen, dampfte auf dem Tisch ein blanker Futtereimer, bis obenan gefüllt mit herrlichem

Punsch. Über die Eisentruhe mit der Tageseinnahme war ein weißes Tuch gebreitet, darauf stand ein kleiner Weihnachtsbaum mit Lichtern und bunten Kugeln.

Zuerst schimpfte die Chefin, teils aus Gewohnheit, teils weil die Tür wirklich lang aufstehen mußte, bis wir uns alle in den engen

Wagen zwängten. Aber dann wurde es sehr bald gemütlich in der kleinen warmen Stube auf Rädern. Jeder bekam ein Glas Punsch und einen Taler, die Günstlinge einen Lebkuchen; und dann mußten wir singen, die Russisch- und die Römisch-Katholischen, die Protestanten und die Heiden. Den Baß der Direktorin überschrie allemal das wilde Kreischen von zwei Negern, die mit verdrehten Augen und roten Mündern andächtig »Stille Nacht, Heilige Nacht« sangen.

AGNES GÜNTHER

Waldweihnacht

Ein dichter Nebel lag drei Tage über dem Waldrand, dann kam die scharfe Kälte, und nun hat der Wald sein schönstes Weihnachtskleid angezogen. Wie feierliche Kandelaber sind die alten Schirmtannen, die oben auf der freien Höhe stehen, nur daß sie ihren Kerzenschmuck nach unten hängen. Tief bis auf den Boden senken sich die Äste unter der schweren Last, die nun ein heimliches Nest bilden, von dem man sich denken möchte, daß darunter irgendein frierendes Häslein oder Reh ein Obdach fände. Die Birken sind mit tausend und abertausend Kristallperlen behangen, und an ihr feines Gefieder hat sich der Rauhreif angesetzt, wo ein Blattknöspchen auf den kommenden Frühling wartet, daß es läßt, als wollte der Baum mitten im Winter seinen Mai haben, aber einen silbernen. Jedes Möslein am Weg, der Dornstrauch dort, aus dessen kristallenem

Gezweig noch die roten Beeren hervorleuchten, alle haben sich in köstliche Festgewänder geworfen. Wie zierlich und fein steht der Distel ihr Silberkrönlein, wie ist aus dem geduckten Schlehenstrauche das Meisterstück eines Elfensilberschmieds geworden! Ganz still ist's, und nur zuweilen geht ein feines Klingen durch den Wald und ein Seufzen, wenn ein Zweig einen Teil seiner Last, die die ihm zu schwer geworden ist, abschüttelt. Die Buchen sind ganz dicht geworden, und auf dem Weg, über dem sie wieder, wie im Sommer, doch nun aus edlem Weiß, Silber und Kristall, den gotischen Dom bilden, fällt ein wunderbares gedämpftes Licht von dem sanften, nebelgrauen Himmel, der doch ein mattes Sonnengold ahnen läßt. Der Haselbusch hat sich mit breiten silbernen Bändern behängt, die in seltsamen Bogen und Windungen seine Zweige verbinden. Spinnfäden sind's, und wie würde sich die emsige Spinnerin, die nun längst wie ein totes welkes Blättlein über ihren noch schlafenden Kindlein hängt, verwundern, wenn sie sehen könnte, was aus ihrem Gespinst geworden. Fliegt ein Vogel auf, so stiebt ein Wölkchen von silbernen Sternen, und wie sie fallen, so liegen sie auf dem Weg und schmücken auch ihn, der sonst so nackt und braun ist.

Zwischen den Schirmtannen hervor, welche die Höhe umstehen, kommt auf den weißen Buchendom zu ein großer Mann geschritten, in waldmäßigem Lodenwams, einen verschabten grünen Filzhut auf dem krausen braunen Haar. Unter dem alten Hut leuchten in die Pracht hinein ein Paar graublaue Augen, und wenn an dem Mann einem zuerst nichts als seine ungewöhnliche Länge und mächtige Breite auffallen mag, so tut's ein Blick in diese Augen, denn es sind die Augen derer, die sehen. Als saugten sie es in sich, dieses Bild des Waldwegs, mit den silberangehauchten Säulenreihen der Buchenstämme, ferne durchleuchtet von dem matten Opal des Himmels. »Augen, meine lieben Fensterlein... Trinkt, o Augen, was die Wimper hält, von dem goldnen Überfluß der Welt!« Diesmal ist's ein silberner Überfluß. Dort steht er an der mächtigen Buche, und es umschlingt ihn das Schweigen und die feierliche Stille, und es ist, als hielten die Bäume und Sträucher den Atem an; als müßte etwas werden, etwas Wunderbares, etwas Geheimnisvolles, etwas, das den gewöhnlichen Lauf des Geschehens unterbricht. Und das feine Klingen von fern und nah und das Seufzen geht durch die Stille, als hörte man das Herz des Waldes schlagen.

Könnte es nicht doch sein, daß der Schleier zerriß nur für einen Augenblick, der Schleier, der uns Menschen von der Welt, die uns umgibt, scheidet, die wir doch fühlen, wenn wir einmal still geworden sind? Von der Stille, die am liebsten von den nächtlichen Sternen herabsteigt oder im Walde auf uns niedersinkt, die unsern Vätern ein heiliger Ort war, wo die Götter wohnten. Waren sie denn so töricht, diese Alten? – Ach, warum bist du so scheu geworden, du feines braunes Reh dort? Wie sind die Kinder der Welt voneinander getrennt und fern, wie einsam, wie sterneneinsam das Herz darin; nicht Tier, nicht Pflanze kennen dich, sie scheuen sich vor dir, und doch treibt der gleiche rote, sanfte Strom seine Wellen durch dein Herz wie durch das des Tieres dort. Und den Eichbaum, den vielhundertjährigen, der seine vom Blitz in wilden Sturmesnächten gestreiften Arme wie Riesenschlangen windet, den liebst du! Wie ein Freund ist er dir, den du von Kindheit gekannt und mit scheuer Verwunderung an dunklen Herbstabenden betrachtet hast, wenn du hinter dem Vater dreingingst. Wenn er eines Morgens geborsten am Boden läge, würdest du um ihn trauern wie um einen guten alten Freund. Aber was weiß er von dir? Einsam geht der Mensch dahin zwischen dem, was um ihn lebt und stirbt, sich freut im Mai und im Winter seine silbernen Träume träumt.

Der Mann starrt auf den Weg und sein Ende, wo er sich in dem duftigen Schleier der Birken wendet, als müßte etwas von dort kommen, gerufen von der brennenden Sehnsucht, die die Einsamkeit gebiert; aber nur ein kleines Dirnlein hastet dort vorbei, in einen alten braunen Schal eingewickelt, dessen Ende hinten nachschleppt und allerlei Waldanhängsel, Dornen, gefrorene Moosfetzen, nach sich zieht. Sehr eilig hat es die Kleine, und nun verschwindet sie hinter den Haselsträuchern. Dort geht's aber auf eine dachgähe Höhe, und der einzige Pfad hinunter ist eine Eisbahn. Mit ein paar langen Schritten ist er zwischen den Sträuchern.

»Halt! Da kannst du nicht hinunter.«

Ein Knacken, ein leiser Kinderschrei, der seltsam die Stille durchschneidet.

»Halt dich! Halt dich an einem Zweig, ich hole dich schon.«

Halb schleifend, halb rutschend kommt er hinunter, und da auf einem Blätterhaufen, in einer Mulde zusammengeweht, liegt ein braunes Häufchen. Und wie er mit einer Hand an einem Zweige hängend nach ihr greift, hebt sie ein kalkweißes, erschrockenes Gesicht.

»Da, faß die Hand, ich tu dir doch nichts zuleid! Fürchte dich doch nicht. Hast du dir weh getan?«

«Nein«; sehr kläglich, sehr erschrocken, kommt's heraus.

»Nun, so gib die Hand!« Sie schüttelt.

»Wohin willst du?« Sie deutet mit dem eingewickelten Köpfchen nach der andern Bergseite hin, wo der Wald steil in starrender Pracht wieder ansteigt.

«Dort geht kein Weg. Woher kommst du?« Keine Antwort. »Gehörst du nach Berklingen?«

»Nein.«

»Nicht? Und die Landessprache kennst du auch nicht, sonst würdest du ›Na‹ sagen.«

Ein fremdes Kind also. Und verlaufen muß es sich haben. Denn im ganzen Wald sind jetzt keine Holzfäller mehr; die haben heut schon Feierabend gemacht und sind zu den kleinen spitzgiebeligen Häusern gegangen, wo die Kinder schon warten, bis der Vater den Tannenbaum in das grüne »Gärtlein« setzt. – »Hast du zu deinem Vater gewollt?« Das Schütteln ist nun sehr energische Abwehr. »Also, gewiß nicht zu dem«, brummt er. Nun läßt er den Zweig los, und mit einigem Straucheln und Gleiten kommt er zu dem Nestchen, wo sich das Kind duckt, als sähe es sich nach einer Fluchtgelegenheit um, und nicht los kann, weil das eisige Dorngeranke der Brombeeren es festhält. Und nun macht sich's mit einem Ruck los, daß die ganze Schleppe mit dem Waldanhängsel abreißt. Aber da hat er sie auch schon erfaßt, und so sehr sie sich sträubt und flattert wie ein Vöglein, das man in der Hand hält, so bringt er sie doch mit vieler Mühe herauf, und nun steht sie zitternd und schneeblaß auf dem Weg. Da greift er in seine Tasche und zieht einen großen rotbackigen Apfel heraus und reicht den als Friedenspfand mit einem guten Lachen hin.

»Da, nimm und sage, wohin du willst, so zeig ich dir den Weg, du wunderliches kleines Fetzenmadämchen.«

Denn der braune Schal ist ziemlich übel aus den Dornen gekommen. Aber sie will den Apfel nicht, und der wandert wieder in die Tasche zurück. Aber der Apfel oder vielleicht ein Blick in die blauen Augen mußten doch eine Brücke geschlagen haben.

»Ei, woher hast du den feinen Nasenrükken? Und was hat dein linkes Beinchen getan, daß es frieren muß und nur das rechte eine Gamasche hat?«

»Sie gingen nicht zu. Und es ist auch gar nicht kalt.«

Es ist das erste Wort, und sie spricht allerdings nicht die Landessprache.

»Und wohin gehst du?«

»Nirgendshin!«

»So, nirgendshin? Da geh ich nämlich auch hin, dann haben wir einen Weg.«

Und er nickt ihr ermunternd zu, steckt die Hände in die Hosentaschen und schlendert neben ihr her, behält sie aber vorsichtig im Auge, daß sie nicht mehr entwischen kann. Und zögernd folgt sie ihm, als wäre es doch gut, auf dem Weg zum Nirgendwohinland einen Gefährten zu haben, eine kleine wunderliche Gestalt in dem zerfetzten Tuch; die Stiefel tragen bis oben hinauf Spuren eisiger und lehmiger Wege; am rechten Bein eine falsch zugeknöpfte Gamasche, am linken keine, dafür aber ein großes Loch im Strumpf, durch das ein weißes Knie schimmert. Und wie er so neben ihr hergeht, steigt ein deutlicher Armeleutegeruch aus dem Schal auf, ein Geruch nach selten gelüfteten Stuben, auf dem Zimmerofen gekochtem Sauerkraut und hundert andern unbestimmbaren Dingen. Aber der Nasenrücken ist sehr fein geformt und fast stolz, die Augen lang mit breiten Lidern, die so zart sind, daß, wenn sie die senkt, die Augensterne durchschimmern.

»Also durchgegangen bist du!«

Sie schreckt zusammen, und ja! steht so deutlich auf dem erhobenen Gesichtchen. Da lacht er wieder sein gutes Lachen.

»Wenn die Leute ins Nirgendsland wollen, sind sie meistens von irgendwoher gekommen, wo es ihnen nicht gefallen hat.«

»Und ich geh auch nicht mehr zurück.«

»So arg haben sie dir's gemacht?«

»Nein, nicht arg. Weißt du, das kann man nicht sagen.«

So zutraulich ist sie nun geworden. Und eine Weile wandern sie miteinander in den verzauberten Wald, und er wartet mit dem feinen Gefühl für Kinderseelen, das manche Menschen haben, die wissen, daß man durch Fragen das Kind von seinen Gedankenpfädlein oft nur abirren macht, und daß das Vertrauen am ehesten durch ein freundliches Zuwarten gewonnen wird. Doch ihre Schritte werden immer zögernder und schleppender, und als da am Weg ein Reisighaufen liegt, freilich auch in einem Eiskleid, so setzt sie sich darauf und sagt sehr artig und mit der Feinheit eines gut erzogenen Mägdleins:

»Ich danke sehr, ich bleibe hier.«

»Müde?«

Er setzt sich ihr gegenüber auf einen Steinhaufen und schlägt die langen Beine übereinander: »Ist vielleicht nun der Apfel gefällig, kleines Fräulein?«

In den Augen leuchtet's auf, und eine kleine Hand streckt sich zögernd aus dem Fransengewirr nach dem Apfel aus, und ein feines Feuerrot steigt in ihre Wangen. »Gut ist er.«

Und nun erzählt sie. »Mir hat das Nähröschen einmal auch einen geschenkt, und ich habe ihn in mein Bett gesteckt und nachts gegessen, wie alle fort waren. War das nicht lieb von dem Nähröschen? Es hat rote Haare und wohnt in dem kleinen Haus, vor dem im Sommer die hohen roten Blumensäulen stehen, und hat neun Geschwister, und wenn sie abends heimkommt, macht sie denen noch Kleider.«

»Ein treffliches Nähröschen! Und wo ist das Häuschen, vor dem im Sommer die Blumensäulen – das sind wohl Malven – stehen?«

»Zuerst kommt ein grünes Feld, darauf sind weiße Sterne und gelbe Krönchen, wenn die Sonne freundlich ist, und dann kommt man an die steilen Bäume, die hinaufstarren und die seufzen.«

»So wär's am besten, wir machten uns jetzt auf die Beine und gingen zu dem Nähröschen. Die hat gewiß noch einen Apfel, denn ich habe keinen mehr. Und das ist ein kalter Sitz, und das Stiefbein friert.«

Aber sie schüttelt sich wieder. »Ich will hier bleiben. Ich bin ja sonst den ganzen weiten Weg umsonst gegangen.«

Und nun strahlt das volle süße Kindervertrauen aus den erhobenen sanften Augen. »Ich will auch nicht mehr zurück und will warten, bis die Nacht kommt, und Hunger habe ich keinen mehr, weil du mir den Apfel gegeben hast.«

»Die Nacht willst du da bleiben und fürchtest dich nicht! Du hast etwas Gutes vor. Weißt du denn nicht, daß die Leute, wenn die große Kälte kommt, einschlafen und nicht mehr aufwachen?«

»Ich werd schon nicht einschlafen. Ich warte ja! Sieh doch die Bäume da am Weg und die weißen Schwertchen und die Krönchen und die silbernen Fransen, und die Perlenschnüre und die Bänder! Warum haben die sich so angezogen? Die warten alle, und daß etwas kommt, das wissen die ganz gut. Und vorher ging ein Reh vorbei, das sah mich an und wußte es auch.«

»Das fühlst du auch, du? Du kleines Seelchen! Wie heißt du denn?«

»Ich habe viele Namen, aber keiner ist der rechte. Und bei Nacht kommt mir, ich wisse den rechten, und am Morgen habe ich ihn wieder vergessen! ›Arme Kleine‹, sagt mein

Vater zu mir. Aber so will ich nicht heißen. Und ich bin fortgegangen; daß es aber der rechte Weihnachtswald ist, habe ich erst gesehen, wie ich drin war.«

Da beugte er sich vor und hebt das Geschöpflein trotz dem strengen Duft des Tuches auf seine Knie und schlägt seine Lodenjacke um das eine kalte Bein mit dem großen Loch im Strumpf. Nun fürchtet sie sich gar nicht mehr und nestelt an seinen braunen Hirschhornknöpfen herum.

»Weißt du, das mit dem Christkind, das die schönen Sachen bringt, das ist alles erlogen. Es steht alles im Katalog. Puppen und Wagen und Soldaten und alles. Und wenn ein rechtes Christkind wäre, so wüßte es, daß ich keine neuen Puppen will, die gar nichts von mir wissen und mich nicht kennen.«

»Die alten kennen dich wohl?«

»Wenn ich sie doch abends immer ins Bett lege und nie auf einem Stuhl lasse! Aber vor Weihnachten gehen immer die alten Puppen fort, und es bekommen sie die bösen Kinder, und seh ich sie dann wieder, dann haben sie schmutzige Kleider, und die Lilla, die mit den schönen Locken, die hatte nur noch ein Auge, und der Arm hing ihr herunter. Und nun spiel ich nicht mehr mit Puppen.«

»So verekelt haben sie dir's, armes Seelchen!«

Aber sie muß weiter an ihrem Faden spinnen. »Und das rechte Christkind, das weiß, was einen freut, das kommt doch nicht zu mir. Deshalb bin ich herausgekommen. Hör, wie der Baum seufzt. Und wenn's ein Christkind gibt, so muß es hierher kommen. Und wenn man einschläft, und muß nie mehr zurück und sich auslachen lassen, weil man so ein Dummes ist und die rechten Worte nicht immer sagen kann, die alle andern Kinder gleich wissen, und es käme das Christkind vorbei, und läutete so fein mit seinen Glöckchen... Hörst du's nicht? Seit ich im Wald bin, hört ich's und bin ihm nachgegangen, so weit, so weit, daß ich gar nicht mehr zurück kann, weil es viel zu weit ist.

THEODOR STORM

Weihnachtsabend

Die fremde Stadt durchschritt ich sorgenvoll,
Der Kinder denkend, die ich ließ zu Haus.
Weihnachten war's; durch alle Gassen scholl
Der Kinderjubel und des Markts Gebraus.

Und wie der Menschenstrom mich fortgespült,
Drang mir ein heiser' Stimmlein in das Ohr:
»Kauft, lieber Herr!« Ein magres Händchen hielt
Feilbietend mir ein ärmlich' Spielzeug vor.

Ich schrak empor; und beim Laternschein
Sah ich ein bleiches Kinderangesicht;
Wes Alters und Geschlechts es mochte sein,
Erkannt' ich im Vorübertreiben nicht.

Nur von dem Treppenstein, darauf es saß,
Noch immer hört' ich, mühsam, wie es schien:
»Kauft, lieber Herr!« den Ruf ohn' Unterlaß;
Doch hat wohl Keiner ihm Gehör verliehn.

Und ich? War's Ungeschick, war es die Scham,
Am Weg zu handeln mit dem Bettelkind?
Eh' meine Hand zu meiner Börse kam,
Verscholl das Stimmlein hinter mir im Wind.

Doch als ich endlich war mit mir allein,
Erfaßte mich die Angst im Herzen so,
Als säß' mein eigen Kind auf jenem Stein,
Und schrie' nach Brot, indessen ich entfloh.

WILHELM RAABE

Am Heiligabend nach Grunzenow

Um fünf Minuten nach vier Uhr war das letzte Stückchen feuriges Gold hinter dem Horizont versunken – der Heilige Abend war da, war endlich gekommen, nachdem sich Millionen Kinderherzen so lange nach ihm gesehnt hatten. Um fünf Uhr läuteten alle Glocken im Lande den morgenden Festtag ein, und die Kuchen waren fertig; es wurde Friede in der Brust auch der scheuereifrigsten Hausfrau. Um sechs Uhr stand jeder festlich geschmückte Tannenbaum in vollem Lichterglanz, und wer noch froh und glücklich sein konnte, der war es gewißlich um diese Stunde, in welcher sich das Himmelreich derer, die da sind wie die Kinder, auch dem trübsten Blick öffnet und das dunkelste Herz hell macht.

Das war ein Reisetag! Das war ein Tag, um der Heimat zuzueilen! Hans Unwirrsch und Fränzchen Götz bedurften keines Zaubermantels, keines übernatürlichen Beförderungsmittels mehr; der Postwagen oder vielmehr Postschlitten, der sie gen Freudenstadt führte, war selber ein zauberhaftes Vehikel, das dreist mit Oberons fliegender Muschel, mit dem fliegenden Koffer der arabischen Märchen, mit dem hölzernen Gaul, auf welchem der Ritter Peter mit dem silbernen Schlüssel und die schöne Magelone ritten, es aufnehmen konnte. Hans hatte sich als der trefflichste Reisemarschall erwiesen, sowohl während der Eisenbahnfahrt als auch am vergangenen Abend im Gasthof zu ***, wo er das Fränzchen unter den besondersten Schutz der vornehmen Frau Wirtin stellte und die freundliche Versicherung erhielt, daß das Fräulein unter keinem Dach in der Welt sicherer und behaglicher schlafen solle. Richtig wurde es ihm am andern Morgen vergnüglich und wohlbehalten überliefert; sie nahmen Abschied von der wackern Frau Wirtin, die dem Fränzchen noch einen Sack mit heißem Sande »der kalten Füße wegen« nach dem Posthofe schickte; sie fanden ihre Plätze auf dem Postschlitten und fuhren hinein in den vierundzwanzigsten Dezember, ohne die Lerchen am klaren, hellblauen Himmel zu vermissen.

Wahrlich war die Post und der Weg nach Freudenstadt verzaubert. Hans Unwirrsch, der doch beides ziemlich genau kennengelernt hatte, erkannte beides nicht wieder . . .

Da waren die großen Nadelholzwälder und sahen heute ganz anders aus als an jenem dunkeln Tage, an welchem der Kandidat sie zum erstenmal durchfuhr. Das wilde Schwein, das vom Rande des Forstes grunzend in den Schatten zurücktrabte, die Hasen, die komisch eilig über den Schnee hüpften, der Zug Schneegänse, der mit Geschrei über den Wald zog – alles machte einen angenehmen Eindruck auf das Gemüt. Nur vergnüglich war's, heute dem Fränzchen die Stelle zu zeigen, an welcher während der ersten Reise nach Grunzenow der Wagen im Schlamm steckenblieb und wo der erzürnte Vorspannbauer erst den Juden durchprügelte und dann das Wort Gottes, den Kandidaten Hans Unwirrsch, am Kragen nehmen wollte.

Welch ein ander Ding war die Heide im sonnbeglänzten Weihnachtsschnee als die Heide, über welcher der Novembernebel lag! Welch ein ander Ding war die Stadt Freudenstadt am vierundzwanzigsten Dezember als am trüben Tage des Wind- und Reifmonats, an dem der Kandidat Unwirrsch zum erstenmal das Vergnügen hatte, ihren Kirchturm am Horizont auftauchen zu sehen!

Ja, da war die Stadt Freudenstadt wieder, und vor dem Tor stand wachehaltend ein mächtiger Schneemann, und sämtliche versammelte Jugend begrüßte die heranklingelnde Post mit langhallendem Jubelgeschrei. Auch durch das Tor von Freudenstadt war der Weihnachtsmann den Reisenden vorangeschritten, und jedes Gesicht, das hinter den Fenstern der Gasse, durch welche das königliche Posthorn erschallte, erschien und neugierig der Post nachsah, mußte ihn gesehen haben ...

Das Meer im Weihnachtssonnenschein ist auch eine Vorstellung, die das Herz weiter machen kann. Auch durch das Dorf Grunzenow war der Weihnachtsmann geschritten und hatte grüne Tannenzweige vor den Hütten des seefahrenden Volkes verloren. Der Rauch, der aus den Schornsteinen in die kalte Luft stieg, sah aus, als ob er mehr als an andern Tagen zu bedeuten habe; die Seevögel, die Kinder, die Alten und der Pastor Ehrn Josias

Tillenius, der, durch das Dorf humpelnd, fast vor jeder Tür stehenblieb, wußten, was sie von *diesem* Tage zu halten hatten.

Wenn wir, das Dorf verlassend und hinter dem Pfarrherrn her zu dem Herrenhause emporsteigend, den Hof daselbst betreten, so dürfen wir – starr stehenbleiben vor Verwunderung.

Auch auf dem Hofe von Grunzenow stand ein riesenhafter Schneemann und hielt Wacht vor einer aus grünen Tannenbäumen und Tannenzweigen künstlich errichteten Ehrenpforte, über der ein noch dunkles Transparent das Fränzchen und den Kandidaten Unwirrsch willkommen hieß. Das Hausgesinde schien das Fieber zu haben, die Hunde wußten augenscheinlich, daß etwas Außergewöhnliches im Werke sei; die Aufregung des Leutnants Götz aber kannte keine Grenzen und mußte jedem mit den Verhältnissen Unbekannten nicht wenig bedenklich erscheinen ...

Nun war die Stunde, in der alle Christbäume im deutschen Lande aufflammten – die rechte Stunde, um in ein neues glückliches Dasein mit freudig-vollem, dankbarbewegtem Herzen einzuziehen. Nun saß die Freude nieder an jedem Herd, an welchem sie nicht bereits die Sorge, die Krankheit, den Haß, den Neid und den Tod sitzend fand: wahrlich, es war die Zeit, um, hungernd nach Frieden und Liebe, die Heimat zu erreichen!

Das böse Moor lag hinter den Reisenden, schnaufend arbeiteten sich die Pferde die letzten Hügelreihen hinan. Hans hatte den Arm um seine Braut gelegt, es war allmählich sehr kalt geworden, und die Luft war so rein, der Mond schien so hell, daß weithin jeder Gegenstand sich aufs schärfste von der schneebedeckten Erde abhob . . .

Hügelabwärts ging's; – durch das Dorf klingelte der Schlitten; – Weihnacht, Weihnacht! – Glanz und Lichter der Weihnacht aus allen Fenstern.

Weit auf stand das Hoftor von Grunzenow, an dem Hans Unwirrsch einst so lange hämmern mußte. Grimmig leuchtete die Laterne aus Augen und Maul des Schneemanns. – Willkommen! rief mit feurigen Lettern der Triumphbogen des Tausendkünstlers Grips; – Willkommen! brüllte aus rauhen Kehlen das Hofgesinde. Die Böller krachten, die Hunde bellten – der Leutnant Rudolf Götz hielt sein

Kind in den Armen und hätte es fast erdrückt und erstickt; Ehrn Josias Tillenius hatte sich des Kandidaten Unwirrsch bemächtigt und flüsterte ihm ins Ohr:

»Eheu, eheu, sudores et cruces Johannis Unwirrschii! Ei, ei – ei, ei, das ist sie? Gott segne dich, Hans – das ist sie?«

»Jaja, das ist sie!« rief Hans Unwirrsch, und der Leutnant Rudolf wiederholte dasselbe und legte das Fränzchen in die Arme des alten Pfarrherrn von Grunzenow.

Der Oberst schritt von einem zum andern und schüttelte sich und den Freunden fast die Hand ab. Grips zog grinsend den Mund bis zu beiden Ohren auseinander und beleuchtete die Gruppe als gerührter Statist. –

Da war der große, alte Saal des Hauses Grunzenow! Die beiden riesenhaften holländischen Kachelöfen glühten – ein riesenhafter Christbaum glänzte im Schein von hundert Wachslichtern – Weihnacht, Weihnacht! Ein solches Weihnachtsfest hatte das Haus Grunzenow seit hundert Jahren nicht erlebt.

Unter der Weihnachtstanne saß Fränzchen Götz, umgeben von den drei greisen Männern, und ein liebliches Bild war's. Die altersschwarzen Jägerbilder auf den Tapeten schienen zu lächeln, es lächelten aus ihren dunklen Rahmen die grimmigen Herren und die zierlichen Frauen von Bullau, und Hans Unwirrsch lächelte auch, aber durch Tränen.

Viel war nun zu bereden – Vergangenes und Zukünftiges –, doch jetzt mußte sich ja eine Zeit für alles finden, für Leben und Tod, wie der Oberst von Bullau sagte! Weihnacht, Weihnacht – das Fränzchen unter dem Christbaum zu Grunzenow an der Ostsee!

MARIE HAMSUN

Bei den Langerudkindern

Als Mittag vorüber war, kehrten die Buben mit allerlei Danksagungen vom Birkenlars zurück.

Dann wurden Kühe und Ziegen und Hühner, des Mirakels nicht zu vergessen, mit der schönsten Weihnachtskost bewirtet: feines Heu, Mehltrank und Kartoffeln und alles, was gut war, keines durfte übersehen werden, jeder sollte seinen Teil an der Weihnachtsfreude haben.

Und dann kam das letzte, und für einzelne das Schlimmste – die Weihnachtswäsche!

Ein großes Schaffel wurde in die Küche hereingeholt, die vom heißen Wasser dampfte, sämtliche neuen Kleider hingen fein und wunderschön über den Stuhlrücken, saubere Unterwäsche war für jeden bereitgelegt, und dann ging es los, mit Wasser und Bürste.

Um die Wahrheit zu sagen, am schlimmsten

kam Einar weg. Obwohl es keine Ewigkeit her war, seit er sich in der gleichen unbehaglichen Lage mit Wasserschaffel und Seife und Schrubber und allem, was schrecklich war, befunden hatte, waren Knie und andere Stellen an seinem Körper schon wieder so schmutzig, daß ihn die Mutter eigentlich erst einen Tag lang hätte einweichen müssen.

Einar war für gewöhnlich kein Wasserhasser. Im Gegenteil, er interessierte sich für alles, was Teich oder Fluß hieß, und er war nicht selten so naß, wie ein Bub nur überhaupt werden kann – je nach Jahreszeit und Gelegenheit. Das hier war etwas anderes.

»Du reißt mir ja die Haut herunter!« jammerte er. »Ja, ja, ich kann gern stillstehen, während du mich umbringst, wenn du willst!«

Ola und die Mädchen lachten ihn aus, auch die Mutter mußte ein wenig lächeln. Nun aber wurde es zuviel ...

Nun, alles hat ein Ende, auch die Weihnachtswäsche, und niemand strahlte mehr als gerade Einar, als es überstanden war und alle so blank und rein waren, daß die Decke von ihnen leuchtete, wie die Mutter sagte, sie deutet auf den Lichtring über der Lampe.

Die Buben hatten neue graue Friesanzüge und die kleinen Mädchen rote Kleider aus Halbwolle bekommen, sie waren alle miteinander so fein, daß sie sich kaum zu rühren trauten.

Jetzt bedankten sie sich bei Vater und Mutter und gaben ihnen die Hand. »Tragt sie in Gesundheit auf!« sagte der Vater. »Und gebt nur acht, daß ihr beim Essen nicht gleich wieder Flecken auf die neuen Kleider macht!« sagte die Mutter ...

»Jetzt läuten sie Weihnachten ein«, sagte der Vater, er kam von draußen und wischte ein paar Schneeflocken von der Jacke.

Sie traten alle miteinander auf die Vortreppe hinaus; in dem stillen Abend konnten sie die Kirchenglocken von weit, weit her hören. Ola war es, als vereinige sich dieser beinahe unhörbare Gesang in der Luft mit den schwebenden Schneeflocken, alles beides war das richtige Weihnachten, das sich langsam auf die Erde herabsenkte.

Ganz feierlich gestimmt gingen sie wieder hinein zum Küchentisch, auf den die Mutter heute abend ein weißes Tuch aufgelegt hatte.

Der Vater blätterte im Gesangbuch, schlug

das richtige Lied auf und räusperte sich, um den Hals frei zu haben. Einar tat desgleichen, er gedachte, heute abend sein Bestes im Singen zu leisten. Und dann fingen sie an: «O du fröhliche, o du selige!« und danach »Ihr Kinderlein kommet, o kommet doch all!«

Das mit den Kinderlein, die kommen sollten, stimmte ja, sie waren alle da, aber sonst auch nichts. Von dem Essen, auf das sie sich schon so freuten, war noch nichts zu sehen, der Schweinebraten stand noch in der Bratröhre, und die Milchgrütze war noch im Topf. Und Hunger hatte man ja, aber man wußte schon, das Warten gehörte nun einmal zum Weihnachtsfest. Wenn es nur nicht zu lange dauerte. Wenn bloß der Vater das Weihnachtsevangelium ein bißchen schnell lesen und sich nicht allzu lange mit dem Tischgebet aufhalten würde!

Aber alles dauerte seine gewohnte Zeit, sogar die Mieze saß unterm Tisch und wartete und miaute jämmerlich.

Endlich kam das Essen auf den Tisch. Des Wildschweines wurde in freundlichen Worten gedacht, und man spülte die fetten Bissen mit dem herrlichen mütterlichen Sirupbier hinunter, alle wurden satt. Sogar die Katze ließ ihren letzten Bissen unter der Bank liegen.

Dann ging der Vater hinüber und zündete den Weihnachtsbaum an, die Stubentür wurde weit aufgeschlagen, und da stand der kleine Baum vom Felsblock und war beinahe nicht wiederzuerkennen, so strahlend schön war er geworden.

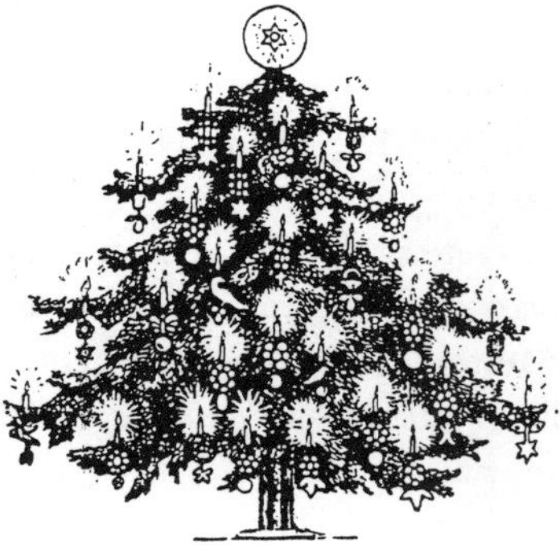

Die Kinder zersprengte es fast vor lauter Wonne, kleine Jubelschreie brachen unwillkürlich hervor, Olas nachdenkliche Augen leuchteten, Einar hüpfte um den Baum, und die Mädchen trippelten eifrig umher und feierten ein Wiedersehen mit ihren Schätzen vom vergangenen Jahr und fanden auch neue Sachen. Plötzlich warfen sie sich auf alle viere, beinahe wären sie im Eifer mit den Haaren an die Kerzen geraten – was war denn das? Da lag ja etwas unter dem Baum? Was war das? Vier Münder fragten auf einmal.

»Ja, nun wollen wir einmal schauen«, sagte der Vater. Dann überreichte er jedem von ihnen ein Paket. Sie öffneten es mit zitternden Fingern.

Ola stand ganz verwirrt mit einem Buch in der Hand da: »Die Heldentat eines Pfadfinders«, las er.

»Oh«, sagte er endlich, »das ist ja das Buch, das ich so schrecklich gern haben wollte!«

Die Mutter war seinem Blick begegnet und hatte die Worte durch den allgemeinen Lärm aufgefangen.

»Ja«, sagte sie lächelnd, »das hat mir der Landhändler verraten.«

Die kleinen Mädchen zwitscherten und plauderten um die Wette: Jedes von ihnen hatte einen Ball bekommen, der von Ingerid war rot und der von Martha blau. Die Bälle konnte man gegen die Wand werfen, sie sprangen vom Boden bis zur Decke, sie trafen den Vater am Kopf, sie jagten die Mutter in einen Winkel, während die Mieze die drolligsten Anstrengungen machte, um die Kugeln mit ihren kleinen Tatzen festzuhalten. Einar aber hatte eine Pistole bekommen und fünf Schachteln Knallblättchen dazu. Er sagte in diesem Augenblick nicht viel, hier mußte gehandelt werden – eine Schachtel war schon bald leer.

Nach all diesem bekam noch jedes von ihnen seine Weihnachtsmaske, sogar Vater und Mutter bekamen Masken, und als sie ihre Gesichter damit verhüllten, entstand ein solches Geschrei, daß die Katze sich erschreckt unter die Sofabank rettete.

Es dauerte lange, bis die Versammlung sich wieder so weit beruhigt hatte, daß die Rede davon sein konnte, ein wenig um den Baum zu tanzen. Aber endlich wurde doch ein Kreis gemacht, er war gerade weit genug, wenn sie einander alle bei den Händen hielten. Vater und Mutter brachten zwar die Strophen durcheinander, aber Einar war Vorsänger, so daß sie trotzdem zurechtkamen. Vater besonders war ganz kläglich in diesem Punkt, er konnte oft nur die erste Strophe eines Liedes, danach sang er immer nur lalala, und Ingerid und Martha machten sich über seine Unwissenheit lustig, denn sie kannten natürlich jede Strophe genau.

Es wurde spät, bis die Kinder darein einwilligten, das Fest zu beschließen. Keines von ihnen war natürlich auch nur im geringsten müde. Aber sobald sie im Bett lagen und das Licht ausgelöscht war, schliefen sie doch alle sofort ein.

Als Vater und Mutter noch ein wenig in der Stube aufgeräumt hatten und wieder zu ihnen zurückkamen, lagen die Mädchen eingeschlummert mit den blonden Köpfen friedlich auf demselben Kissen. Zwischen ihnen im Schwesternbett war die Katze und schnarchte, und der rote und der blaue Ball lagen am Boden.

Bei Ola schaute die »Heldentat« unter dem Kopfkissen hervor, und Einar schlief, wie ein richtiger Krieger schlafen soll – mit einer Pistole in der Hand.

MAX KRUSE

Lebendiger Rauschgoldengel

Einmal, da war ich noch recht klein, vielleicht vier oder fünf Jahre, dachten sich die Schwestern eine besondere Überraschung aus. Ich mußte eine eigene musikalische Vorstellung geben, zu meinem Schrecken. Die Anregung dazu erhielt die Schwester Fifi von einer kleinen Puppe, die damals zur Schaufensterdekoration hergestellt wurde. Ein knapp 38 cm großes Figürchen, weich gestopft, mit rundem, lieblichem Gesicht und gemalten, fragenden Augen, wurde in eine steife Rüstung aus gefaltetem Goldpapier gesteckt und mit Flügeln versehen. Und so ward auch ich als Rauschgoldengel verkleidet, nur war das Goldpapier kräftiger, die Falten größer und steif wie Metall: Sie zielten ringsum von der Hüfte auf den Boden, wo der Rock sich weit verbreiterte. Oben trug ich ein Hemdchen, das mit goldenen Bändern geschmückt war, ein Goldband hielt meine damals noch langen, braunen Haare, und über meiner Stirn strahlte ein Stern aus Papier. Zum Überfluß wurden mir auch noch riesenhafte Flügel auf den Rükken gebunden. Die Flügel wippten bei jeder Bewegung, ich wippte mit, das Gehen in dem steifen Rock war mir schier unmöglich, denn er gab ja nicht nach und stand rings auf dem Eichenparkett auf.

Nun mußte ich noch einen Tannenbaum aus Pappe in der linken Hand tragen, an dessen Zweigen Silberglöckchen baumelten, acht an der Zahl, eine Oktave. Mit einem Hämmer-

chen hatte ich auf diesen Glöckchen »Stille Nacht, Heilige Nacht« zu spielen, Bim bimbim bam, bim bimbam bam …

Im Flur nahm ich Aufstellung, kunstvoll verkleidet, und nachdem man den Baum entzündet und die Flügeltür zum Eßzimmer aufgeschoben hatte, wo die Familie zusammenstand, schubste mich Fifi ins Weihnachtszimmer. Von links erschien ich im Bühnenraum, schob mich wackelnd-wippend bis unter den Baum. Er strahlte in illuminierter Pracht, mein Rock schleifte golden über den Boden und drückte mich in die Hüften, die Mutter, überrascht, seufzte: »Wie süß, ach, mein Maxel!« Und ich ließ mein schüchternes Bimbimbim-bam erklingen.

HERMANN LÖNS

Die stille Nacht

Rein und schön ging die Sonne auf. Eine Stunde lang schien sie froh und heiter auf das Land. Dann kam die graue Wetterwand, die gestern den ganzen Tag am Himmel gelauert hatte, wieder, löschte das Sonnenlicht aus und schüttelte ihre Schneebürde ab, erst schüchtern und zage, dann immer kecker und ungestümer.

Bis in den späten Nachmittag stoben die Flocken herunter, fielen in ganzen Wolken hernieder, fuhren in wilden Wirbeln durch die Dorfgassen, stürzten sich auf die Strohdächer, hingen sich in die Hecken, blieben an den Backhäusern kleben, begruben alle Wege und Stege und füllten jeglichen Graben aus.

Mir kommt das Wetter just zu passe; die letzten Tage gefiel es mir wenig. Erst gab es Regen und Schlappschnee, der nicht liegenblieb, dann Nordostwind mit Plattfrost, bei dem sich alles Gewild in den Dickungen hielt. Zudem war es nicht sauber in der Gegend. Im Königlichen war ein altes Rottier zuschanden geschossen, in unserer Jagd fand ich den Aufbruch eines Bockes, in der Nachbarjagd waren drei Rehe abgängig. Und es gab keine Möglichkeit, die Wilderer zu spüren. – Wer die Freischützen waren, wußte kein Mensch. Von den ansässigen Leuten wilderte niemand; das war uns sicher bekannt. Die Wilderer mußten unter den fremden Arbeitern sein, die bei den Bohrtürmen zu tun hatten. Einer von ihnen hatte sich in verdächtiger Weise im Königlichen herumgetrieben. Der Förster stellte den Mann, fand aber keine Waffe bei ihm.

Ich will heute den Jagdhüter vertreten. Acht Nächte ist er in kein Bett gekommen. Und heute, am Heiligen Abend, möchte er bei Weib und Kind bleiben. Er tat so, als wollte er ablehnen; aber als ich ihm sagte: »Mensch, Thies, Neuschnee und Mond, was Schöneres gibt es nicht für mich! Und was soll ich an diesem Abend im Kruge? Da sitze ich den Leuten doch bloß im Wege«, da bedankte er sich sehr und seine hübsche Frau bekam ganz blanke Augen vor Freude.

Und nun bin ich allein mit mir in der weißen, weiten, weglosen Heide. Es ist so schneehell, daß ich weit sehen kann, zumal alle Sterne da sind. Ich habe mir das weiße Zeug überzogen, das Gesicht dick eingepudert, und da Kappe und Handschuhe auch weiß sind und Rucksackträger und Gewehrriemen ebensolche Überzüge tragen, so bin ich gänzlich unsichtbar und auch fast unhörbar, da ich Schneereifen unter die Schuhe gebunden habe. Zwanzig Gänge von mir geht der Briefträger vorüber, ohne mich wahrzunehmen. Als sein Hund, der meine Witterung bekommen hat, mich aber nicht äugen kann, sich ängstlich an ihn drängt, bleibt der Mann stehen, sieht sich um, schüttelt den Kopf und geht etwas schneller weiter.

Ich gehe in seiner Spur entlang, bis ich auf der Höhe bin. Da bleibe ich stehen und sehe mich um. Wunderlich sehen die halbverschneiten großen Machangeln und die Krüppelfuhren aus und von dem hohen Brahm ist nichts zu erkennen als einige wenige Ruten, die wie schwarze Spieße aus dem Schnee starren. Das Haidkraut, das hier kniehoch steht, ist völlig verdeckt; ganz wenige besonders lange Büsche stehen wie schwarze Gespensterchen in der weißen, silbern blitzenden Fläche, von der sich hier und da, vom Schnee gebogen, die fahlgelben Benthalme abheben.

Schneller gehe ich voran. Keine Fährte und nicht eine einzige Spur ist zu erblicken, kein Stück Wild ist zu sehen. Selbst hier, wo der Hauptwechsel von der Wohld nach der Feldmark hinführt, steht keine Fährte im Schnee. Aber ein Mensch scheint dort unter der krausen Fuhre zu lauern. Ich nehme das Glas vor den Kopf und stecke es wieder in die Tasche; der halbverschneite Machangel hat mich genarrt. Und wieder hole ich es hervor und tue es abermals fort; ich glaubte ein Stück Wild zu erkennen; das war nur ein Machangelbusch. Endlich, als ich schon fast vor der Wohld bin, sehe ich drei Rehe dahinziehen. Unsicher und verstört benehmen sie sich; der erste schwere Schneefall hat sie unvertraut gemacht. Ich warte, bis sie tief im Felde sind, und gehe dann über die Brücke dem Pürschsteige zu, der hinter dem Bache vor den Wiesen hinführt.

Feierlich still ist es im Walde, und so festlich hell. Der Bach plaudert verstohlen, und wenn ein Schneeballen aus den Kronen fällt, so ist das weithin vernehmbar. Mir ist, als dürfte ich nur ganz leise auftreten und müßte den Atem anhalten, um den schlafenden Wald nicht aufzuwecken, und ich erschrecke mich beinahe, als ein Ast gegen den Gewehrlauf schlägt, gleich als hätte ich eine Ungehörigkeit begangen. Dann aber bleibe ich stehen und lausche; in der äußersten Ecke der Jagd, vor dem Königlichen, schmält ein Reh anhaltend. Es ist möglich, daß es vor den Sauen warnt; es kann aber auch einen Menschen gewittert haben, vielleicht den Forstaufseher oder einen von der

Bande, die hier ihr Unwesen treibt. Jedenfalls ist es nötig, daß ich darauf zugehe. Ich eile nach der nächsten Bahn und gehe schnell auf ihr entlang.

Hier ist es noch schöner als auf dem engen Pürschsteige. Rechts und links ragen die alten Fuhren hoch empor; auf ihren dunklen Häuptern tragen sie Schneekappen. Aber ich habe keine Zeit, mich an ihnen zu erfreuen, und an den stolzen Fichten, den trotzigen Eichen und den Buchen, die dann kommen, bevor der große Kahlschlag beginnt. Ich sehe nur die Bahn entlang, ob Wild darauf steht, und ob ich eine Menschenfährte antreffe. Hasen spüre ich zweimal, einmal den Fuchs, mehrfach Rehzeug und zuletzt auch Rotwild, ein altes Tier und ein Kalb. Zu Blick bekomme ich aber nichts, außer einem Hasen, der dicht vor mir über den Graben setzt und sofort entsetzt denselben Weg zurücknimmt.

Am Kreuzgestell bleibe ich unter der Zwillingsbuche stehen und stopfe mir eine frische Pfeife. Nach vier Richtungen kann ich von hier aus sehen und weithin, denn nun ist auch der Mond da. Mir gegenüber in dem Jagen bricht es leise; dort tritt Wild umher. Ganz hinten über die Hauptbahn schleicht der Fuchs. Leicht könnte ich ihn zu der Kanzel, die in die Buche hineingebaut ist, heranmäuseln; doch ich mag heute, in dieser stillen weißen

Nacht, nicht schießen. Auf das Quergestell tritt ein starkes Reh hinaus, sichert eine Zeit, schlägt dann den Schnee von den Himbeeren, verbeißt sie und zieht in das nächste Jagen, wo ich es noch eine Weile herumtreten höre, bis ein morscher Ast, den der Schnee abbricht, rauschend in die Schießholzbüsche fällt, es verjagt. Ich sehe es über das Gestell flüchten. Auch mir hat das Gepolter die Ruhe genommen, und ich gehe auf der Hauptbahn weiter, auf der der Schnee im Mondenlichte schimmert und funkelt, als wäre Diamantstaub darüber verschüttet, und die von den Schatten der Fuhren blau gestreift ist.

Wo der Bach die Bahn schneidet, bleibe ich auf dem Stege stehen und sehe in das Wasser der Furt, das mit lauter silbernen Ringen spielt und leise murmelt, und nach dem mächtigen, vierfachen Hülsenbusch, dessen blankes Laubwerk über und über voller schimmernder Korallen hängt. Just will ich weiter, da bricht es ganz laut zur Rechten und drei Stück Kahlwild treten vor mich hin, verhoffen einen Augenblick und poltern in die gegenüberliegende Dickung; ich sehe, daß mein Pfeifenrauch vor mir herweht. Noch einmal bricht es zur Linken, zieht näher und fährt von dannen. Auch dieses Stück hat Wind von mir bekommen. Es ist nicht unmöglich, daß es der starke, geweihlose Hirsch ist, hinter dem ich her bin; doch mir ist es lieber, wenn er mir heute nicht kommt. Ganz ohne Vorsicht gehe ich wieder weiter.

Jetzt bin ich an der Grenze und sehe die Bahn hinauf und hinab. Ganz oben bewegt sich ein Schatten im Königlichen Holze. Erst denke ich, es sei ein Stück Wild, dann erkenne ich, daß es ein Mensch ist, der sich auf dem Pirschsteige nach mir hin bewegt. Einen Augenblick geht mir ein peinliches Gefühl in die Brust; es wäre mir nicht recht, müßte ich heute einen Wilderer stellen. Aber dann habe ich es heraus, daß es der Forstaufseher ist; die lange, dürre Gestalt und der echte Waldläufergang verkennt sich nicht. Als er auf fünfzig Gänge heran ist, lasse ich halblaut den Jagdpfiff ertönen. In demselben Augenblick verschwindet er hinter einem Stamme und geht in Anschlag. Ich rufe seinen Namen und nenne den meinigen, und sofort ist er wieder da, weiß erst nicht, wo er mich suchen soll, weil das weiße Zeug mich unsichtbar macht, aber dann gewahrt er mich, kommt lachend auf mich zu und gibt mir die Hand.

»Auf Wilddiebstreife?« fragt er. Ich nickte. »Nichts gespürt?« Ich schüttelte den Kopf und sagte ihm dann, daß ich vorhin einen Schuß in dieser Ecke fallen hörte. »Das war ich; ich habe im Jagen dreizehn einen Marder geschossen, einen ganz alten. Wollen Sie ihn sehen? Ich habe ihn in der Köte.« Ich sage freudig zu, denn nun habe ich doch Gesellschaft, gute Gesellschaft, denn der lange Möller ist ein Mann nach meinem Herzen, und da er auch niemand auf der Welt hat, so passen wir gut zusammen heute. Eine Stunde gehen wir auf der verschneiten Bahn entlang, dann sind wir am Platze. Bald brennt der kleine Kanonenofen, und es wird gemütlich in der Jagdbude, zumal Rotwein und Zucker nicht fehlen und der frische Bach Wasser für den Punsch gibt.

Ein Stündchen essen und trinken wir und reden von Wild und Waidwerk, dann meint Möller, daß er wieder los muß, und mir ist es auch recht, denn die Wärme und der Punsch drücken auf die Augen. Das Feuer wird ausgegossen, die Köte verschlossen und hinaus geht es abermals in die mondhelle stille Nacht.

BEDA VON MÜLLER

Im Eisenbahnabteil

Wieder kam die Weihnacht heran.

Das letzte Mal hatte ich sie bei den Eltern in Breslau verbracht, hatte das Grab der Großmutter und das des hartgesottenen Professors Grüner besucht und war Zeuge von Ninzerles Empörung gewesen, als der polnische Karpfen mangels der nötigen Zutaten ein trauriger Torso blieb, und die Mohnklöße, da Schlagrahm nicht zu beschaffen war, gänzlich ausfallen mußten.

Als ich damals vor dem Fest heimwärts reiste, geriet ich in ein vollbesetztes Abteil. Zwei alte Damen, am Fenster einander gegenüber sitzend, beugten friedvolle Gesichter über eine eisenbahngerechte Handarbeit. Zu ihnen schienen zwei junge Mädchen zu gehören, die in der Art, sich bescheiden zu kleiden, ihnen glichen; ein energischer Handlungsreisender brachte eine grobe Note in unseren

Akkord, während zwei bejahrte Herren farblos und still das Kreuz der unbequemen Reise auf sich nahmen.

Das göttliche Gesetz, den Nächsten zu lieben, nimmt der Mensch mit hastiger Zustimmung als selbstverständliches Requisit der guten Kinderstube hin und ist geneigt, den Vorwurf unzulänglicher Erfüllung entrüstet von sich zu weisen, macht allerdings – besonders wenn er sich zu den Gebildeten zählt – den geheimen Vorbehalt, daß der Nächste ihm nützlich und angenehm sei.

Demgemäß betrachteten wir einander zunächst mit Mißfallen und Abneigung, bis schließlich der tatkräftige Commis voyageur die Deckenbeleuchtung abblendete und sich umständlich zum Schlafen anschickte.

Da zog im Halbdunkel eine der alten Damen irgendwoher ein geschmücktes Christbäumchen hervor, klappte den Tisch hoch, stellte es darauf, richtete sorgfältig die kleinen Lichtchen gerade und zündete sie an. Die andere hatte inzwischen eine Schachtel mit Zuckergebäck zutage gefördert und reichte sie den jungen Mädchen, welche auch mir davon anboten. So kam es auch an den Handlungsreisenden. Nach kurzer Unschlüssigkeit langte er zu, und nachdem schließlich auch die beiden geduldigen Alten sich dankend bedient hatten, zauberten sie eine Flasche Schnaps zur Stelle und ließen sie die Runde machen.

Der Friede war eingekehrt.

CARL GUESMER

Heiligabend

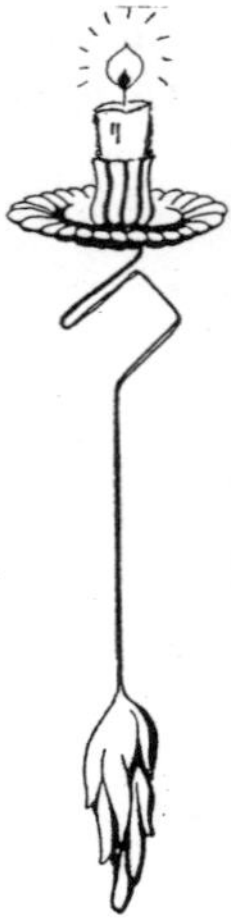

Milde Frostluft.
Ich kehre von
einem Gespräch
zurück.
In Fenstern werden
Tannenbaumkerzen
entzündet.
Augenblicke des
Hinschauens
sind kostbarer
als Dabeisein.
Der Abend ist
voller Anlaß
zur Dankbarkeit:
das Polsterabteil
ist dunkel und
warm.

Mitreisende gewahre
ich nur auf
dem Bahnsteig.
Wärme
empfängt mich
in der stillen
Wohnung: Januar-
tageswärme
der Breiten,
aus denen
die Weihnachts-
geschichte kommt.
Im Rundfunkhaus
legt man die
Tonbänder
mit den Haydn-
Quartetten zurecht;
nichts fehlt mir:
Dankbarkeit
ist ein Fest.

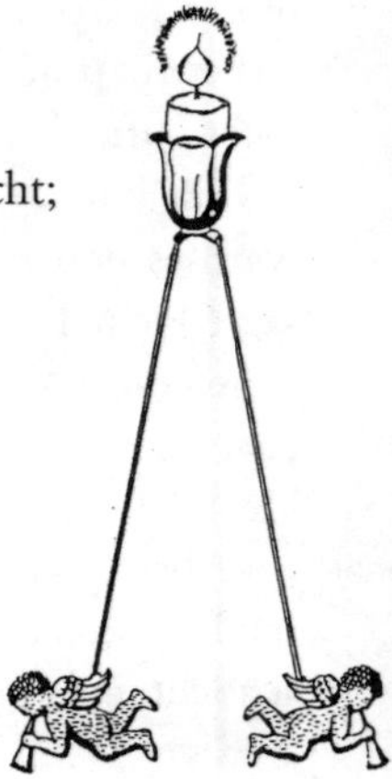

RUDOLF KINAU

Die Heimweh-Nacht

»Ein Weihnachtsabend ohne Karpfen in guter Butter und Meerrettich«, sagt Julius Bahde, »das ist für mich überhaupt kein Weihnachtsabend!« – »Aus Karpfen – oder Schollen oder Steinbutt mache ich mir gar nichts«, meint Paul Wittorf. »Ich muß am Heiligen Abend – muß ich Grünkohl mit Speck haben und hinterher ein paar Äpfel und Nüsse – sonst bin ich nicht zufrieden.«

»Ich brauche überhaupt kein Essen, kein warmes und kein kaltes – den Abend nicht«, sagte Hein Tiemann. »Wenn ich nur den Tannenbaum und die Lichter sehe, und kann ein paar Geschenke machen und höre mal ein kleines Lied – dann bin ich fein zuwege.«

»Aber es muß ein Lied vom Christkind sein!« sagt Albert Harms. »Und muß ganz schlicht und einfach – von Kindern – gesungen werden. Denn Weihnachten ist nun doch mal das Fest der Kinder. Und wo keine Kinder im Hause sind ...«

»Da werden die Großen wieder klein, und die Alten werden wieder kindisch!« sagt Dieter Rolf. »Ich brauche jedenfalls keinen Kinderlärm und kein Görengeschrei um mich herum. Und ich brauche auch keinen Tannenbaum und keine Geschenke. Wenn ich nur im Hause bin und kann mit meinen Leuten in der warmen Stube sitzen, und kann mal 'n bißchen mit ihnen klöhnen – über alles, was so in der Welt passiert, dann will ich weiter gar nichts von Weihnachten haben.«

»Und ich bin am Heiligen Abend ebenso gern auf See«, meint der alte Jochen Fock. »Oder bin irgendwo draußen – weit weg – und ganz allein. Und komm mal wieder zum Nachdenken über mich selbst. Und habe mal wieder richtiges Heimweh nach ... nach früher – als ich noch jung – und als wir noch Kinder waren.«

»O Gott, ne – bloß das nicht!« sagt Klaus Wulf. »Bloß nicht Weihnachten draußen sein! Bei den andern Festen, da will ich das noch gar nicht mal sagen, da kommt es mir auch nicht so genau darauf an. Ostern und Pfingsten und

Verlobung und Geburtstag und Jubiläum und all so 'n Kram, das kann man auch ebensogut draußen und überall feiern. Aber Weihnachten...? Ne! Weihnachten muß ich im Hause sein. Weihnachten ist ein deutsches Fest – durch und durch. Das wird sonst nirgends so schön gefeiert wie bei uns.«

Sieben Mann, und jeder sagt was anderes. Und alle haben sie recht –

Aber ich glaube, der alte Jochen Fock meint doch das beste.

Heimweh – das ist es, was wir wohl alle haben oder haben möchten, am 24. Dezember. »Heimweh nach früher – als wir noch jung, als wir noch Kinder waren.« Und darum wird dieser Abend wohl auch immer ein »Heiliger« Abend bleiben, auch wenn die Menschen nicht mehr an das Christkind glauben. Es wird immer eine »Weihnacht« – eine »Heimwehnacht« bleiben – ein Abend und eine Nacht, wo sich jeder Mensch etwas wünscht und sich nach irgend etwas sehnt.

Wer draußen – im Kampf und in der Not ist, der möchte nach Hause und möchte den Frieden und die Freude. – Wer gesund und übersatt und reichlich warm daheim sitzt, der möchte zu Weihnachten mal hinaus in den Sturm. – Wer noch Kind ist, der möchte schon groß sein. – Wer schon alt ist, der möchte wieder jung sein oder doch mitten im Leben stehen und die letzte Hälfte noch einmal wieder vor sich haben. – Wer arm ist, der möchte – wenigstens zu Weihnachten – gern mal reich sein und mit vollen Händen schenken können. – Wer reich und verwöhnt ist, der möchte Weihnachten gern mal arm und einfach sein, und möchte wieder an Märchen und Wunder glauben. Jeder von uns hat zu Weihnachten – neben den kleinen – auch noch irgendeinen großen unerfüllbaren Wunsch oder hat eine heiße unbändige Sehnsucht oder – hat ein großes schönes Heimweh – nach Hause oder nach draußen.

Und das ist auch gut so. Das müssen wir haben. »Weil da sonst etwas fehlt«, sagt Adelheid Achner. Und die muß es wissen, denn – sie hat es ausprobiert.

Adelheid hat sieben große Kinder, alle weit im Land und in der ganzen Welt verstreut. Und wünschte sich zwanzig Jahre lang nichts weiter zu Weihnachten als: daß sie noch mal alle wieder am Heiligen Abend bei ihr zu

Hause wären! – Sie kamen gern, sie kamen von ganz weit her und brachten viel Freude mit – aber sie kamen niemals alle zugleich – eins oder zwei fehlten fast immer, Jahr für Jahr. Und als es dann doch endlich soweit war, als sie endlich mal wieder alle sieben zugleich mit der Mutter unter dem Tannenbaum saßen – da war die alte Adelheid Achner ganz benommen und benaut. Und als die Kinder fragten, was sie denn eigentlich hätte, da meinte sie traurig: »Ich weiß ja gar nicht, wo ich denn nun heute hindenken soll? – Ihr seid ja alle so dicht bei mir.« – Und sagte am nächsten Morgen zu ihrer Nachbarin: »Ach ne, das ist doch auch nicht das rechte. Wenn am Weihnachtsabend keiner fehlt – dann – dann fehlt da was!«

Und so geht es vielen von uns, auch wenn wir es nicht gleich so sagen. Etwas Heimweh muß dabei sein, und ist auch immer dabei. Da kann einer sagen, was er will – und wenn er noch so hart und hölzern ist. –

Ich denke da wieder an einen Weihnachtsabend – im Seemannsheim in Bremen:

Etwa vierzig wetterfeste Fahrensleute – von mindestens zehn verschiedenen Schiffen – viele wilde, verwegene Gestalten darunter – sitzen alle wie Kinder um einen großen Tisch, hören eine kurze kernige Ansprache, singen mit rauhen Kehlen – so gut es gehen will – ein paar Lieder und gucken mit großen hungrigen Augen – nicht immer nach den Lichtern, sondern viel mehr noch – nach den sechs jungen Frauen und Mädchen, die zuerst wie Engel unter dem Baum gestanden haben, und die nun – freundlich lächelnd und zum Greifen nahe – mit Kaffee und Kuchen kommen, und die ihnen Äpfel und Nüsse bringen, und die dann noch jedem einzelnen ein riesiges Paket auf den Tisch legen: »Frohes Fest! Und auch weiterhin: Guten Wind und gute Fahrt!« – »Danke! Danke schön! – Ook velen Dank!«

Es gibt ein großes Auspacken und ein lautes Wundern und Freuen. – Dann dringt von vorne her wieder die Stimme des Hausvaters durch: »Ja, und nun mal alle herhören! – Nun habe ich hier noch ein kleines Päckchen – das ist uns mit der Post zugestellt, von irgendwoher – und da steht drauf: »An das Seemannsheim in Bremen – als Weihnachtsgabe für den Seemann, der am längsten von zu Hause weg ist!«

Alles guckt und grient und tuschelt, aber

keiner meldet sich. »Wir können das wohl am besten feststellen«, sagt der Hausvater, »wenn ich von hier aus mal eben frage: Wer ist länger als zwei Jahre von zu Hause weg? – Mal die Hand hoch, bitte!«

Er guckt die lange Reihe herum und zählt: »Zwei, vier, sechs, zwölf Mann! – Gut, danke! – Nu mal weiter: Wer ist länger als drei Jahre weg? – Zwei, vier, sechs Mann! – Länger als vier Jahre? – Drei Mann noch! – Länger als fünf Jahre? – Einer noch!« – Ein kleiner rothaariger Seemann mit Sommersprossen und hellen Augen.

»Na – wie lange?« fragte der Hausvater.

»Acht und 'n halb!« sagt der Kleine, und sagt es laut und stolz, und sitzt noch etwas gerader als vorher, und hält die Hand noch immer steil in die Luft.

»Acht und 'n halbes Jahr«, wiederholt der Hausvater ruhig und anerkennend, und kommt ein paar Schritte näher: »Das ist eine lange Zeit. – Woher sind Sie denn? – Aus welcher Ecke –?«

»Ich bin aus – aus der Gegend von Sonderburg!« Er läßt den Arm sinken.

»Sonderburg – Nordschleswig – aber das ist

doch gar nicht so weit –? Da könnten Sie doch leicht mal – von Hamburg oder von Kiel aus...? Haben Sie denn keine Eltern oder keine Angehörigen mehr?«

Der Rothaarige wird etwas unsicher: »Vater ist tot – und meine Geschwister sind alle weit auseinander – –«

»Und ihre Mutter –?«

»Mutter –?« Er dreht den Kopf zur Seite als wenn er ausspucken möchte. Dann guckt er wieder geradeaus und sagte hart und laut: »Mutter hat wieder geheiratet – hat einen Dänen genommen – Haus und Hof und alles ist dänisch geworden! Was soll ich denn da?«

Alles hält den Atem an.

»Aber ihre Mutter ist doch immer noch – ihre Mutter!« sagt der Hausvater. »Und wenn sie noch da ist und noch lebt? Haben Sie denn wenigstens inzwischen mal geschrieben?«

Der Rote guckt auf seine klobigen Hände und schüttelt den Kopf: »Nein, auch nicht! Kein Wort!«

»Aber, das hätten Sie doch tun müssen!« sagt der Hausvater freundlich. »Schreiben hätten Sie doch mal müssen, Herr... Wie war doch ihr Name?«

»Erichsen!« –

Da steht gegenüber am Tisch ein baumlanger Seemann auf und schiebt sein Paket zur Seite und fragt: »Bist du der Henning Erichsen aus Söderup bei Sonderburg?«

»Bin ich, ja! Was denn?«

»Wirklich? Du, dann soll ich dich grüßen – von deiner Mutter! Und soll dir – Augenblick mal! – und soll dir diesen Brief geben. – Hier, faß an! Von deiner Mutter!«

Nun steht der Rothaarige auch auf und stützt sich mit beiden Händen auf den Tisch: »Von meiner Mutter? Wie kommst du dazu? – Ich kenne dich ja gar nicht!«

»Ne«, sagt der andere, »ich kenne dich auch nicht, hab dich nie gesehen. Aber – dein Stiefvater, der zweite Mann von deiner Mutter – das ist mein Onkel. Und ich bin jetzt im Oktober – bin ich noch mal dagewesen – einen ganzen Tag war ich da – und habe lange mit ihm und mit deiner Mutter geklöhnt. Sie sprechen viel von dir, und denken oft an dich. Und deine Mutter wartet Tag und Nacht – du möchtest doch mal kommen oder möchtest doch mal schreiben. – Und darum hat sie mir diesen Brief mitgegeben und gesagt: Wenn ich

dich mal treffen sollte – irgendwo in der weiten Welt. – Komm – hier – faß an!«

Der Kleine langt mit zitternder Hand nach dem Brief und beguckt ihn von allen Seiten und legt ihn vor sich auf den Tisch. Und setzt sich wieder auf seinen Stuhl. Und wischt sich mit dem Handrücken über die Augen.

Keiner mag sich rühren.

»Und hier ist denn auch das kleine Päckchen«, sagt der Hausvater. Das ist denn also auch für Sie, Herr Erichsen! Für den Seemann, der am längsten von zu Hause weg ist!« Und er öffnet selbst den Knoten und wickelt es aus: »Ein Kasten Schreibpapier und ein paar Postkarten und ein Bleistift!« – Und legt es ihm – ohne ein Wort weiter zu sagen – neben seinen Brief.

»Danke!« sagt Henning Erichsen. Und er sagt es ganz leise und weich, und nickt ein paarmal mit dem Kopf und guckt wieder auf den Brief.

Und dann – dann geht der Hausvater wieder nach vorn, und gibt den Ton an.

Und dann – dann singen sie alle – mit rauhen Kehlen – so gut wie sie können: »Dies ist der Tag, den Gott gemacht –!«

Wir haben zu Weihnachten alle etwas Heimweh – nach Hause und nach – »früher, als wir noch Kinder waren.«

Und darum wird unser Weihnachten auch immer ein »Heiliger Abend« und eine »stille Nacht« bleiben.

FRIEDRICH HEBBEL

Die Weihe der Nacht

Nächtliche Stille!
Heilige Fülle,
Wie von göttlichem Segen schwer,
Säuselt aus ewiger Ferne daher.

Was da lebte,
Was aus engstem Kreise
Auf ins Weitste strebte,
Sanft und leise
Sank es in sich selbst zurück
Und quillt auf in unbewußtem Glück.

Und von allen Sternen nieder
Strömt ein wunderbarer Segen,
Daß die müden Kräfte wieder
Sich in neuer Frische regen,
Und aus seinen Finsternissen
Tritt der Herr, so weit er kann,
Und die Fäden, die zerrissen,
Knüpft er alle wieder an.

Quellennachweis

Andersen, Hans Christian, Im Gasthof, aus: Das Märchen meines Lebens ohne Dichtung, Berlin 1921
Eipper, Paul, Im Zirkus, aus: Der Tierfreund reist, Deutsche Buchgemeinschaft, Berlin 1934
Fontane, Theodor, Heiligabend, aus: Vor dem Sturm, München 1974
Günther, Agnes, Waldweihnacht, aus: Die Heilige und ihr Narr, Stuttgart 1918
Guesmer, Carl, Heiligabend, aus: Abziehendes Tief, Gedichte, Gotthold Müller Verlag, München 1974 (jetzt Verlag E. C. Baumann, Kulmbach)
Hamsun, Marie, Bei den Langerudkindern, aus: Die Langerudkinder im Winter, © Paul List Verlag, München 1950
Kinau, Rudolf, Die Heimwehnacht, Hochdeutsche Fassung von »Acht Joahr von Hus«, aus: Mien bunte Tüller, Hamburg o. J.
Kruse, Max, Lebendiger Rauschgoldengel, aus: Die versunkene Zeit, © Deutsche Verlags-Anstalt, Stuttgart 1983
Lobsien, Wilhelm, Es rauscht die Flut, aus: Sterne überm Meer, © Westdeutsche Verlagsanstalt, Boysen & Co, Heide
Löns, Hermann, Die stille Nacht, aus: Ho Rüd' ho!, Hannover 1918
Müller, Beda von, Im Eisenbahnabteil, aus: Gesegnete Mahlzeit, München 1951
Raabe, Wilhelm, Am Heiligabend nach Grunzenow, aus: Der Hungerpastor, Freiburg 1954

Schmidt, Friedrich Wilhelm August, Der Heilige Abend vor Weihnachten, aus: Musen und Grazien in der Mark, Berlin 1889
Seidel, Ina, Bei den Stiftsdamen, aus: Lennacker, © Deutsche Verlags-Anstalt, Stuttgart 1938
Storm, Gertrud, Bescherung bei Theodor Storm, aus: Deutsches Weihnachtsbuch, hrsg. von Otto Ernst, Hamburg 1907
Storm, Theodor, Weihnachtsabend, aus: Sämtliche Werke in vier Bänden, Frankfurt a. M. 1987
Sudermann, Hermann, Notstandswinter 1867, aus: Das Bilderbuch meiner Jugend, Stuttgart 1922

EBENFALLS IN DER ENGELHORN-BÜCHEREI

Kleine Geschichten aus der Osterzeit
144 Seiten mit 42 Abbildungen

Kleine Geschichten aus der Pfingstzeit
144 Seiten mit 48 Abbildungen

Kleine Geschichten aus der Herbstzeit
144 Seiten mit 54 Abbildungen

Kleine Geschichten aus der Winterzeit
144 Seiten mit 26 Abbildungen

Kleine Geschichten für Skifahrer
144 Seiten mit 29 Abbildungen

Herbert von Hoerner · Die Kutscherin des Zaren
128 Seiten

Gertrud Fussenegger · Die Mohrenlegende
62 Seiten

Die Weihnachtsfrau und elf andere Geschichten
128 Seiten mit 31 Abbildungen

Engelhorn Verlag
Stuttgart